開拓社
言語・文化選書
103

コメディで学ぶ語用論の基本概念

平田一郎 著

開拓社

は じ め に

　本書の目的は，英語のコメディやドラマ番組の会話を通じて語用論の基本概念を学ぶことである。語用論は，辞書的で文字通りの意味を超えた意味の伝達を主に研究する学問分野である。日常会話は，辞書的意味を超えた語用論的な意味で埋め尽くされている。不思議な意味が，話者も意識しないような仕組みによって様々な形で伝わっている。とりわけコメディ番組では，シナリオライターが言葉に潜在的に備わっている仕組みを最大限に駆使して，会話のおかしみ・面白味を出す工夫をしている。そこで使われる会話の英語表現を詳しく分析することで，語用論の主要概念を楽しく，身近に感じながら学んでもらいたい。すべての例で，コメディ番組名とエピソード名に加えて，例が登場する時間も示して，読者が実例に当たることができるようにしている（コメディ番組以外からの例も必要に応じて取り入れていく）。

　例として挙げることができる会話の数は限られているが，本書で挙げる例は，実際の会話やコメディ番組で使われる語用論的な意味の生まれ方の典型例なので，内容を十分に理解すれば，読者自身も同様の例をみつけることができるようになるだろう。また，逆に本書で紹介した概念では説明がつかないような語用論的現象をみつけることもできるかもしれない。コメディ番組を通じて，英語を好きになってもらい，語用論的概念を身近に感じてもらい，言葉の研究に興味を持ってもらえたなら本書の目的は達成されたことになる。

　本書は 3 章構成になっている。第 1 章は，語用論の基礎である，グライスの協調の原理と非自然的意味を中心に扱う。発話行為理論とその発展的考えを第 2 章で学ぶ。そして第 3 章ではポライトネス理論とその展開に目を向ける。各節で，項目ごとに例を挙げながら説明する。各節を追って読み進めることで，それぞれの章で紹介

する語用論分野の概要がつかめるようになっている。

　取り扱う概念は，基本的なものだけではなく，各分野での発展的な内容も含む。読者は，コメディを通じて楽しく語用論の基礎が学べるだけではなく，語用論の研究の最先端にも触れることができるようになっている。発展的な内容を含む節には，目次や本文の節番号の右上に「*」をつけてわかるようにしている。

　本論に入る前に，「語用論」という研究分野が取り組む対象をよく理解できるような会話をみておこう。以下，コメディやドラマから例を引く際には，はじめに「場面の説明」で会話の背景や人物関係を紹介する。続いてスクリプトを示し，スクリプトの最後に（場面が登場する時間，"エピソード名，"番組名，シーズン番号）のように出典を示す。その後に内容や会話のポイントを説明していく。

> (1)　場面の説明：Rory と Paris はともに高校生で，有名私大への進学を目指している。2人はこの後仲良くなっていくが，この場面ではまだお互いを牽制している。
>
> Rory:　(a)Hey Paris, do you have anything going on tonight?
>
> Paris:　(b)What's that supposed to mean?
>
> Rory:　(c)It's supposed to mean, do you have anything going on tonight?
>
> Paris:　Well, my parents are out of town, so my Portuguese nanny will make dinner and then I'll either get back to reading the Iliad or we'll play Monopoly. I crush her every time.
>
> (15:40–, "The Bracebridge dinner," *Gilmore Girls*, Season 2)

　(1) の場合，この会話が Gilmore Girls というテレビ番組のシーズン2に入っていて，The Bracebridge dinner というエピソードから採られた会話だということになる。会話が15分40秒から始まっていることが，はじめの「15:40–」で示されている。

　では，会話の内容を吟味していこう。(1a) で「パリス，今晩何かすることはあるの」(Hey Paris, do you have anything going on tonight?) と，Rory は Paris に今晩の予定を尋ねる。これに対し，Paris は (1b)「それはどういう意味でいっているのよ」(What's that supposed to mean?) と問い返している。(1c) で Rory は，(1a) のそのままの内容で「今晩何かすることはあるの，という意味でいってるんだけど」(It's supposed to mean, do you have anything going on tonight?) と答えている。

　Paris は，もちろん Rory の文字通りの質問の意味がわからないわけではない。しかし普通「今晩何かすることはあるの」と尋ねる場合，単に話者が聞き手の今晩の予定を問いただしたいだけとは考えられない。例えば，聞き手の答えが「特に何もないけど」のようなものであったら，「じゃ，一緒に食事しない？」のように，話者が「今晩何かすることはあるの」と尋ねたときの真意につながるように会話が展開されていくだろう。

　Rory もこのことを承知の上で，敢えて (1a) の質問の文字通りの意味を (1c) で繰り返している。Rory の (1c) の返事は，Paris の (1b) の mean を，（意地悪で）意味論的な文字通りの意味と解釈して，(1c) で (1a) の質問を繰り返すことで Paris の質問に答えている。これに対し Paris が (1b) の mean によって問いただしているのは，文字通りの意味論的意味を超えた語用論的な意味なので，Rory の (1c) の答えに Paris は不満なはずである。

　Paris の (1b) の mean は，「語用論的に意味する」ことの典型である。発話者は発話によって，発話に使われている文字通りの意味から生まれる意味以上のことを意味することがある。そして聞き手も，発話者が文字通りの意味以上の意味を発話で伝えようとしていることを想定し，話者の真意をつかもうと心がけながら会話が進行していく。これが語用論的な意味なのである。同じような使い方は，最近の日本語の「意味わからなくない？」と「ああ，そういうこと」の使用例でもみられる。

　例えば，男子の公衆トイレには「人がいなくても水が流れること
があります」と表示されていることがある。意味論的な文字通りの
意味は明らかである。人がいなくても水が流れることがある，とい
う意味である。しかしこの表示に対し，「意味わからなくない？」
と尋ねることがありうるだろう。[1]（インターネットを検索すると，相当
数の人がこの表示に戸惑っていることがわかる。）そして，例えばその目
的が，「だから人がいないときに水が流れても故障ではないし，驚
く必要もないということをトイレ利用者に知らせているんだ」と説
明されれば「ああそういうこと」と答えたくなる読者もいるだろ
う。[2]

　「意味わからなくない？」という発話の中の「意味」と，Paris が
What's that supposed to mean? と尋ねるときの mean はどちらも
同じく語用論的な意味に関する疑問である。そして，「ああ，そう
いうこと」というのは，話者が最終的に発話の語用論的な意味まで
も含めて理解した時の合点の言葉である。すべての「意味わからな
くない？」と「ああ，そういうこと」の使用例が，語用論的な意味
のやりとりであるわけではないが，多くの場面でこれらの定型句は
語用論的な意味のやりとりとして広く用いられている。（筆者はふざ
けて使う場合以外にはこの言い回しを使わない。現在は，若い世代を中心
にこの表現が使われているように見受けられる。）

　語用論的な意味が，辞書から生まれることはありえない。それで
も Paris の質問が示すように，聞き手は語用論的な意味の存在を感
知したり，予測したりするし，それが分からない場合には話者に問
いただす。語用論的な意味がどこからやってきてどこへ行くのか，

---

[1] この場合「わからなくない」のアクセントが通常の wakarAnakunAi ↑では
なく，wakaranakunAi ↑となるようである（大文字でアクセントの下がり目を，
↑でイントネーションの上がり目を示している）。

[2] 「そういうこと」のアクセントも，通常のアクセントでみられる「こと」の部
分のアクセントの下がり目が見られない。

語用論的な意味がどのように生まれどのように伝わっていくのか，これを研究するのが語用論という学問分野である。はじめの1章では，語用論の父とも呼べる Grice の提案した非自然的意味と協調の原理を中心に語用論的な概念を学んでいく。

　本書の執筆に当たっては，多くの方々にお世話になった。まず，本書の出版を快くお引き受けいただいた，開拓社の川田賢氏に謝意を表したい。本書は2023年度，勤務校である学習院大学から頂いた長期研修期間中にその大部分を執筆することができた。このような機会を与えて下さった学習院大学と関係する皆様に謹んでお礼を申し上げたい。

　本書の内容は，言うまでもなくこれまでの哲学，言語学，とりわけ意味論，語用論の蓄積に多くを負っている。これに加え，前勤務校である専修大学と現勤務校である学習院大学の大学院生，そしてゼミナールに所属してくれた学生達との対話が，多くの問題を整理し理解する上で貴重な機会を与えてくれたことを特に記しておきたい。

　本書の完成をみることなく他界した父，そしてこれまで著者を育て応援してくれた母にも，深く感謝の意を表したい。最後に，著者の研究活動をずっと見守ってくれている妻に，ありがとう，と伝えたい。

目　　次

はじめに　　*v*

第1章　Grice の語用論 ……………………………………………… *1*

1.1.　非自然的意味　*2*

　1.1.1.　非自然的意味——二つの条件をどちらも満たさない場合——

　　　　　　　　　　　　　　　　　　　　　　　　　　　　3

　1.1.2.　非自然的意味——R-intention を満たさない場合——　*6*

　1.1.3.　非自然的意味——二つの条件を満たす場合——　*8*

1.2.　協調の原理と量の格率　*11*

1.3.　協調の原理と質の格率　*17*

1.4.　協調の原理と関係性の格率　*24*

1.5.　協調の原理と様態の格率　*30*

1.6.　一般化された会話の推意　*38*

1.7.*　慣習的推意　*45*

1.8.*　不完全な推意　*51*

　1.8.1.　話者の推意　*52*

　1.8.2.　聞き手の推意　*55*

1.9.*　命題態度　*58*

1.10.*　発話の責務　*65*

第2章　発話行為理論 ……………………………………………… *73*

2.1.　言葉で行う行為　*74*

2.2.　指示　*77*

2.3.　発語の力　*82*

2.4.　発語遂行効果　*90*

　2.5.* 感情表出的表現　*96*
　　2.5.1.　発語内行為としての表出　*97*
　　2.5.2.　慣習的推意としての感情表出的表現　*100*
　2.6.* 意味論的前提　*106*
　2.7.* 語用論的前提　*113*
　2.8.* 共通基盤　*118*
　2.9.* 談話コンテクストの更新　*124*
　2.10.* 前提の受け入れ　*131*

第3章　ポライトネス理論 ……………………………………… *139*
　3.1.　ポライトネスとは何か　*140*
　　3.1.1.　ポライトネス　*140*
　　3.1.2.* 三つのポライトネス理論　*143*
　3.2.　ポジティブ・フェイスとポジティブ・ポライトネス　*147*
　3.3.　ネガティブ・フェイスとポジティブ・ポライトネス　*154*
　3.4.　ポジティブ・フェイスとネガティブ・ポライトネス　*160*
　3.5.　ネガティブ・フェイスとネガティブ・ポライトネス　*165*
　3.6.　オフレコード・ストラテジー　*171*
　　3.6.1.　丁寧になるオフレコード・ストラテジー　*174*
　　3.6.2.* 丁寧にならないオフレコード・ストラテジー　*175*
　3.7.　FTA の深刻さ　*179*
　3.8.* ポライトネス1　*186*
　3.9.* インポライトネス　*193*
　3.10.* 聞き手の評価　*199*

引用文献 ……………………………………………………… *208*

索　　引 ……………………………………………………… *221*

（セクション番号の後につけた「*」は発展的な内容を含むことを示す）

第 1 章

Grice の語用論

1.1. 非自然的意味

(1) 非自然的意味 (nonnatural meaning)

"*A* meant$_{NN}$ something by *x*" is (roughly) equivalent to "*A* intended the utterance of *x* to produce some effect in an audience by means of the recognition of this intention."   (Grice (1957: 385, 1989: 220))

内容説明[1]:「(発話者)A が (発話)x によって何かを非自然的に意味した」というのは,

「(a) A が x によって聞き手に何らかの効果を与えようと意図し」,

「(b) A は聞き手が (a) の意図を認識することにより (a) を達成しようと意図した」というのと (概ね) 同じことである。

　Grice の語用論は,協調の原理 (cooperative principle) で有名であるが,Grice が提唱したもう一つの基本概念である非自然的意味 (nonnatural meaning) は,意味という言語現象を考える上で欠かせない概念である。そして語用論的にも,ある意味が非自然的意味であるかどうかを常に考えることが会話の理解に大いに役立つ。(1) では,Grice (1957 / 1989) で提案されている「非自然的に意味する」という概念をまず原文で示し,趣旨を損なわないような形で日本語の内容説明をしている。内容説明では,議論の展開がしやすいように,主文と,これに続く二つの条件を (a) と (b) として分けている。

　非自然的な意味の定義は,コミュニケーション理論が説明しようとすることとそうではないことの区別の機能を果たす (Levinson

---

[1] 「訳」にすると英語表現に制限されて,分かりやすい日本語にならないことがあるので,「内容説明」として必要に応じて英文内容に修正を加えて提示する。

(2000: 13))。したがって，非自然的な意味は，語用論や意味論を学ぶにあたって，まずはじめに深く理解する必要がある概念である。ある意味が，非自然的な意味かそうでないかは，第 3 章で紹介するポライトネス理論でも重要な役割を果たすことになる。

　非自然的な意味は，(1) の定義の内容説明からわかるように二つの条件からなっている。(1a) は，何かを非自然的に意味する場合，話者は聞き手が一定の反応を示すように意図していなければならず，(1b) は (1a) の意図自体も聞き手に認識させるようにしていなければならない，という条件である。定義をみるとややこしく，難解で哲学的な概念のようにみえるが，これらの条件を満たす場合と，満たさない場合が違うことは言語話者なら必ず理解できる。わたしたち自身，日常的にこれらを巧みに使い分けて会話に参加しているからである。

　二つの条件があるので，二つとも満たさない場合，一つだけを満たす場合，すべてを満たす場合の 3 通りがあって，すべてを満たす場合だけがコミュニケーション理論が主に説明するべき言語現象（非自然的な意味）であることになる。以下では，この順で例を示しながら説明していこう。

1.1.1.　非自然的意味 ── 二つの条件をどちらも満たさない場合 ──

(2)　場面の説明：登場人物は（イギリスからニューヨークにやって来ている）Emily と，Rachel, Monica, Ross, Phoebe という 20 代の若者たちである。Rachel は Emily をオペラに連れていく予定になっていたが，都合で行けなくなったということを Emily に伝える。Rachel の代わりに Ross が Emily を案内する予定になっているが，Emily はそのことまで聞かずに怒って帰ってしまう。

Rachel:　There's been a teeny-teeny change in plans. It turns out that I'm not free tonight. So …

Emily: [in British accent] Really?! Well, that's just (a)<u>lovely</u>, isn't it? I must've missed your call, even though I didn't leave the (b)<u>flat</u> all day.

Rachel: Oh well, no I ...

Emily: Oh, no-no-no, that's not rude! It's perfectly in keeping with a trip that I've already been run down by one of your wiener carts, and been strip-searched at John F. Kennedy Airport. Apparently to you people, I look like someone who's got a balloon full of cocaine stuffed up their bum.

Monica: I-I-I think you look great.

Emily: Good night, it was very nice to meet you all. [storms out]

[pause]

Rachel: I'll get her.

Ross: Please hurry.

Phoebe: (c)<u>Don't you just love the way they talk?!</u>

(07:35-, "The one with Joey's dirty day," *Friends*, Season 4)

　この会話は Friends という有名なコメディからの引用である。（本書でも Friends からの会話を多数引用する。シナリオライターが語用論的な言葉の使い方に巧みであることに加え，読者も容易に原典に当たることができることが理由である。）Emily は，約束のオペラ鑑賞の案内を Rachel に反故にされ，激しく憤っている。そして，そういう扱いが，大きなショッピングカートにひかれたり（これは誇張されているだろう），John F. Kennedy 空港で裸同然で持ち物検査をされたり，という（これまで自分がアメリカに到着して以来受けてきた）扱いと同等だから，失礼に当たらないと皮肉っている（実際は激怒している）。

　話を最後まで聞かずに出て行ってしまった Emily を Rachel は追いかける。Emily は，終始完全なイギリス発音で話し続け，下

線部 (2a, b) のようにイギリス英語を象徴する lovely（素晴らしい）
や flat（アパート）という語彙も使う。Emily のイギリス英語が強調
された演出になっているのである。しかし Emily は，皮肉たっぷ
りに怒りを全員にぶつけていて，発話の意味内容であれ，その態度
であれ好意的に受け取られる要素がない。ところが Emily が出て
行ってしまうと，その場に居合わせた Pheobe は，(2c) のように
「イギリス人（they）の話し方って素敵じゃない？」(Don't you just
love the way they talk?!) と Ross に話しかけている。

　Phoebe を印象付けたのは，Emily の発話態度や発話の内容では
なく，Emily のそれとわかるイギリス発音である。Emily がイギ
リス英語を使って話しているというその事実から，Phoebe は
Emily がイギリス英語を話すという情報を受け取り，それに対し
て好印象を持っている。ではこの，Emily がイギリス英語を話し
ていることは，「Emily がイギリス英語を話すこと」を非自然的に
意味していることになるだろうか？　もっと実際的な言い方をする
と，Emily がイギリス英語を話し，そのことで Phoebe が Emily
がイギリス英語を話すと理解することは，純粋なコミュニケーショ
ンの 1 例とみてよいだろうか？

　Grice の「非自然的に意味する」の定義 (1) から考えると，
Emily のイギリス英語は，非自然的な意味を伝えていないことに
なる。Emily のイギリス英語が，(1a) の定義も (1b) の定義もと
もに満たしていないからである。Emily が一連の発話で聞き手に
引き起こそうとしている効果は，約束を破られていかに自分が不快
に思っているかを伝えるかということであって，自分がイギリス英
語を話すということではない。

　自分がイギリス英語を話すということを，Emily は聞き手に意
図的に伝えようとはしていない（たまたまイギリス英語話者であるにす
ぎない）。したがって，Phoebe は結果的に「Emily がイギリス英語
を話すこと」を知ることになるが，これは (1a) の話者が聞き手に
期待する反応になっていない。そして同時に，その意図がそもそも

ないのであるから，その意図を聞き手に認識させるという（1b）の
条件も満たしていない。Emily がイギリス英語を話し，そして聞
き手が Emily がイギリス英語を話すと了解したとしても，これは
非自然的な意味ではなく，狭義のコミュニケーションではない（と
Grice は考えた）。

1.1.2. 非自然的意味 ── R-intention を満たさない場合 ──

（2）の Emily の発話から，「Emily がイギリス英語を話すことに
よって，Emily がイギリス英語を話す」という情報が Phoebe に伝
わっていたが，これは非自然的意味のどちらの定義も満たすことが
なく，Emily が，「イギリス英語を話す」ということを非自然的に
意味しているのではないことをみた。つづいて，（1）の二つの条件
のうち，（1a）（話者が聞き手に何らかの効果を与えようと意図する）だけ
を満たす例をみていく。

（3）　場面の説明：Marshell と Jenkins は会社の親しい同僚同
　　　士で，Lily は Marshell の妻である。Lily は，Jenkins が
　　　男性だと思い込んでいて，Marshell は Lily に Jenkins が
　　　女性であることを知られたくない（それを Jenkins も了解し
　　　ている）。この場面では，Lily が突然 Marshell の職場に
　　　やってくる。Jenkins は，にせもののフランス語アクセン
　　　トの英語を話し，自分はフランス大使館からやって来て
　　　いると Lily に自己紹介する。

　　　Marshall:　Okay. Lily! Hey, baby...

　　　Lily:　Hi, I'm Lily, Marshall's wife.

　　　Jenkins:　[in a fake French accent] <u>Hi, Lily. I'm from
　　　the French Embassy.</u> I'm here because of a small but
　　　significant cheese incident that occurred.

　　　Marshall:　She's Jenkins!

Lily:　You're Jenkins?

　　　　　(06:15-, "Jenkins," *How I Met Your Mother*, Season 5)

　(3) の下線部では，Jenkins が Lily に対してフランス語風のアクセントの英語で話しかけることによって，「自分はフランス人」であることを Lily に伝えようとしている。もちろん発話内容 (I'm from the French Embassy.) も，Jenkins がフランス人であるという情報の重要な手がかりを提供するが，Jenkins はこの発話内容をフランス語風のアクセントで伝えることで，自分が本当にフランスからやってきたという (嘘の) 情報を Lily に伝えようとしている。

　フランス語風の発話によって Jenkins は，明らかに Lily に「Jenkins がフランスからやってきた」と信じさせようとしているので，「話者が聞き手に何らかの効果を与えようと意図する」という (1a) の条件を満たしている。この点では，(2) の Emily のイギリス発音とは大きく異なる。しかし，フランス語風のアクセントによって，「自分はフランス人」であることを伝えようとしていること自体を Jenkins は Lily に伝えようとしているであろうか。伝えようとしていないだろう。

　というのも，Jenkins は，本当はフランス人ではないし，フランス語風の英語はにせものである。だからもし，自分がフランス語風の英語で相手に自分がフランス人であるということを意図的に伝えようとしていることが分かってしまえば，逆に聞き手はその情報を疑ってしまうかもしれない。だから，この場面で Jenkins は，「自分がフランス人であること」をフランス語風の発音によって Lily に知らせようとはしているが，その意図は Lily から隠していることになる。

　このように，「知らせようとする意図自体を知らせようとする意図」は，「意図の意図」なので再帰的意図 (reflexive intention あるいは R-intention) と呼ばれることがある (Bach and Harnish (1979: 15))。Jenkins のフランス語風アクセントは，Lily に対し R-inten-

8

tion なしに効果を与えようとしている。したがって，Jenkins のフランス語風のアクセントは，(1b) の基準を満たさず，非自然的に何かを意味したことにはならない。

　この例のような，相手に何か影響を与えようとはしているけれども，その意図を隠す，という言語行動は，日常生活でもごく普通にみられる。長居をする親戚に「もうこんな時間だ」と発話する場合を考えてみよう。もちろんあなたはその親戚の人に，「遅いから早く帰れ」という考えを抱いてほしいと思っている。何らかの影響を与えようとしているので，(1a) の基準を満たしている。しかし，その意図を相手に気づかれてしまっては失礼だ。だから，「もうこんな時間だ」には R-intention がなく，(1b) の基準を満たしていない。したがって「もうこんな時間だ」という発話は，「遅いから早く帰れ」を非自然的に意味していない。この例からもわかるように，R-intention はポライトネス（言葉による丁寧さの表現）とも深いかかわりを持っているのである。

1.1.3.　非自然的意味 ── 二つの条件を満たす場合 ──

　逆に，非自然的意味の二つの条件を満たす発話は，ごく一般的である（普通の発話は，大抵二つの条件を満たしている）。今，筆者は読者に対して「非自然的意味の二つの条件を満たす発話は，ごく一般的である」と発話（ここでは発話を書き言葉も含めて考えている）すれば，筆者は読者がその発話内容を信じるように意図しているし，その意図も伝えている。

　しかし，(2) と (3) は，発話の発音の特徴に関しての例であったので，比較しやすいように，発音の特徴を非自然的に意味する手段として使っている例をみておこう。普通，自分の話し言葉の特徴は意識していないし，そこから何かを意図的に伝えようとすることはない。しかし特殊な場面では，話し方の特徴を R-intention を伴って非自然的な意味の手立てとして用いることがある。

(4)　場面の説明：友人同士である Joey, Phoebe, Monica, Ross, Rachel が，他人の気になる癖について議論している。Pheobe は，髪の毛をかむ癖，Ross は，発話文をきっちりと最後まで文法的に発話する癖があり，友人たちはそれをややうっとうしく感じている。

Joey:　Well, is it, like, a little annoying, or is it like when Phoebe chews her hair?

[Phoebe spits out her hair]

Ross:　Oh, now, don't listen to him, Pheebs, I think it's endearing.

Joey:　Oh, [imitating Ross] " (a)you do, do you?"

[Monica laughs and snorts]

Ross:　You know, there's nothing wrong with speaking correctly.

Rachel: " (b)Indeed there isn't."

(15:35-, "The one with the thumb," *Friends*, Season 1)

　髪をかむ癖を Joey に指摘されて当惑する Phoebe に対して，Ross が「自分はその癖が可愛いと思うよ」(I think it's endearing.) と慰める。これに対し Joey は (4a) のように，you do, do you? と Ross の日頃の発話の癖をまねて，付加疑問で問いかけている（アメリカの会話英語では，付加疑問の代わりに huh? を発話の末尾につけて付加疑問とすることが多く，完全な形の付加疑問文はやや硬い印象を与える）。

　また，「ちゃんと話すことは悪いことではないよ」(You know, there's nothing wrong with speaking correctly.) と主張する Ross に対して，Rachel は，(4b) で Indeed there isn't. のように，こちらもやはり最後まで明瞭に発音することで Ross の話しぶりを暗に批判している。Rachel の (4b) の発話を文字通りに解釈すれば，ちゃんと発話することが悪いことではないということに対する同意の意味になる。しかし，その Rachel の発話が皮肉であることは明らか

で，Ross の話しぶりをまねることで Ross の話し方を遠回しに批判している。

(4) の Joey と Rachel の Ross の話しぶりのまねは，Ross に「話し方がうっとうしい」と伝えようとしているだろう。そしてこの場合，その意図には R-intention があるだろう。Ross の話しぶりを意図的にまねていること自体が Ross に伝わらなければ，Ross への批判も伝わらないことになるからである。

(2) の Emily の話し方は，非自然的意味の (1a) と (1b) のどちらの条件も満たしていない。(3) の Jenkins のフランス語風のアクセントは，(1a) を満たすものの (1b) を満たしていない。そして (4) の Joey と Rachel の Ross のまねは，どちらの条件も満たし，これらだけが非自然的な意味となるのである。

これらの違いは，Grice の非自然的な意味という概念の理解を離れて，私たちの日常生活での微妙な（言語）行動の差をよく表している。私たちは，人の話しぶりで人を判断することがある。この場合は Emily のイギリス発音と同じで，本人には全く（話しぶりの）伝達の意図がないが，聞き手が話しぶりから情報を得ていることになる。

また，それとなく人に何かを示唆して，自分の思いを遂げようとすることもある。ため息をついて疲れていることを知らせたり，筆記用具をしまって授業時間が終了していることを先生に知らせようとすることもあるだろう。このような場合は Jenkins と同じように，R-intention はなしに，人の行動に影響を与えようとしているだろう。そしてこのような場合を除けば，R-intention で自分の意図を伝えながら，「本当の」コミュニケーションをしていることになるだろう。

だから Grice の非自然的意味は，単に語用論の重要な概念であるだけではなく，日常会話で起こっている意図伝達の行動を理解する上で，不可欠の視点を提供するのである。

1.2. 協調の原理と量の格率

　続いて Grice の考えで，最も一般的に知られている協調の原理 (cooperative principle) を会話例に基づきながら考えていこう。協調の原理は Grice が，1967 年に Harvard University において行った Wiliam James Lectures ではじめてその考えが一般的に知られるようになった。後この内容は Grice (1975) として出版され，Grice (1989) にも同じ形で収められている。まず，その定義から紹介し，内容を考えていこう。

　　(5)　　協調の原理 (the cooperative principle)

　　　　　Make your contribution such as is required, at the stage at which it occurs, by the accepted purpose or direction of the talk exchange in which you are engaged.

　　　　　　　　　　　　　　　　　　　　(Grice (1975: 45 / 1989: 26))

　　　　　内容説明: 参加している会話の中で，発話時点で会話の参加者が同意している目的や方向に合致した貢献をせよ。

　(5) では普通うまく進んでいる会話の中で，発話する時点でその発話が会話の目的に合致する形で貢献するようにせよと規定されている。この規定は，言語使用者が会話に参加する際に守るべき社会規範のように考えてもよいし，あるいは人間言語の進化の過程の中で獲得されてきた言語使用の特性のように考えてもよい。ファストフード屋さんに行けば，「チーズバーガーセット，ダイエットで」のようにいえば，「注文する」とか「ダイエットコーラ」などといわなくても，「発話時点の目的や方向」に合致した適切な発話ということになる。

　以下で説明するように，協調の原理には，四つの格率があって，協調の原理と格率が相互作用をする形で有機的に (意味を生み出す形で) 機能する。量 (quantity)，質 (quality)，関係性 (relation) そして様態 (manner) がその四つの格率である。まず，量の格率か

ら協調の原理の働き方を考えて行こう。(6) が量の格率である。

(6)   量の格率 (the maxim of quantity)

    a. Make your contribution as informative as is required (for the current purposes of the exchange).

    b. Do not make your contribution more informative than is required.

(Grice (1975: 45 / 1989: 26))

    内容説明：a. 発話時点で，必要なだけの情報を与えよ。
              b. 必要以上の情報を与えるな。

(6) は，(a)，(b) ともに明瞭な規定である。(6a) では，会話の目的に合致した形で十分な量の情報を与えよ，とされている。先ほどのファストフードの例でいえば，お客さんは食べ物を注文しようとしていて，定員さんは注文を取ろうとしていることが明瞭なので，「チーズバーガーセット，ダイエットで」といえば，「注文したい」という必要はない。また，セットの注文なので，飲み物が付いてくることは明らかだ。そしてセットでは，飲み物の種類の選択が必須なのであるから「ダイエット」といえば「セットの飲み物はダイエット・コーラを希望する」ということが効率的に伝わる。

(6b) では，逆に必要以上に情報を与えてはいけない旨が規定されている。再びファストフードの例でいえば「チーズバーガーとポテトと飲み物のセットを注文します」と定員さんに告げたとしたら，他に「チーズバーガーとナゲットとプリンのセット」のような可能性がない場合，不自然に聞こえる。これは必要以上の情報を与えてはいけないという (6b) に違反するからである。

このように，格率は協調の原理の細目として，具体的に発話内容を規制するという側面がある。しかし協調の原理は，うまく進んでいる会話中でも，格率が一見したところ違反したようにみえることがあるという仕組みの作られ方に斬新さがある。そして重要なのは，格率が一見違反されていたとしても協調の原理そのものが違反

されることがない，と想定されていることである。(格率自体が一見違反されても協調の原理は守られているという) この二つの想定から，協調の原理と格率が言外の意味である推意を生み出すことになる。その働き方は，例をみた後整理することにして，早速コメディの会話で推意の生み出される過程をみていくことにする。

(7) 場面の説明：Judith と Charlie の会話で，Judith は Charlie の弟の元妻である。弟は Judith を怒らせるようなことをして (この場面で Judith は激怒している)，Charlie が弟の代わりに Judith に事情の説明をしている。Charlie は Judith に落ち着いて話を聞くように諭している。

Judith:　Perfect, just perfect.

Charlie:　Judith, I know what you're thinking...

Judith:　I'll tell you what, your brother's a little coward ... who doesn't have guts to face his responsibilities...

Charlie:　There's more to this than meets the eye.

Judith:　I suppose you're gonna explain it to me.

Charlie:　(a)I'm gonna try if you'll calm down for a minute and listen.

Judith:　All right, (b)I'm listening.

Charlie:　(c)Are you calm?

Judith:　(d)I'm listening.

(15:25-, "The Spit-covered cobbler," *Two and a Half Men*, Season 3)

(7a) で Charlie は，「ちょっと落ち着いて聞いてくれれば事情を説明するから」(I'm gonna try if you'll calm down for a minute and listen.) と怒り心頭に燃える Judith をなだめる。しかしこれに対し Judith は，(7b) のように「聞いているわよ」(I'm listening.) とだけ答えている。Charlie の期待は，Judith が「落ち着いて」「話を聞く」という二つの事柄であるのに，Judith はこのうちの二つ目にだけ

(7b) で言及している。話を聞いている，という発話は，文字通りの意味で考えると「落ち着いていない」ということを意味していない。

Charlie の追加質問である，「落ち着いているの？」(Are you calm?) に対して，Judith は Yes, I am calm. と答えることもできるはずである。しかしこれに対しても Judith は，(7d) のように (7b) の答えを繰り返すばかりである。明らかに Judith は「落ち着いてはいない」ということを，言葉化せずに Charlie に伝えることに成功している。この意味はどのように伝わっているのだろうか？

ここで，協調の原理と量の格率が相互作用してくる。(7b, d) で Judith は二つの期待について問われているのに，一つの期待だけにしか反応していない。ということは，この会話の進行中で，量の格率の一つ目の (6a) である「発話時点で，必要なだけの情報を与えよ」に違反していることになる。しかしだからといって，Judith は Charlie との会話を拒否しているわけでもなく，2 人の会話はそのまま進行している。だから，Judith は，協調の原理そのものを違反しているとは考えられない。

すると，会話の進行の中で Judith は協調の原理は守りながら，量の格率だけを違反していることになる。Charlie の視点からみると，Judith はなぜ量の格率に違反した発話をしたのかを考えるだろう。「落ち着いて」「話を聞く」ように依頼しているのに，どうして「話を聞く」ことにだけ反応して，「落ち着いて」の部分に触れないのだろう，と思いをめぐらすだろう。すると，その理由として Judith は口にこそ出していないが「落ち着いていない」ということを自分に伝えようとしているのだと，Charlie は思い至るであろう。

Judith の「自分は落ち着いていない」という，言外に伝わる意味のことを Grice は「推意」(implicature) と呼んだ（以下で推意を 3 種類に区分していくが，今は推意とだけしておく）。今の例のように，話者が協調の原理から外れているとは考えられないが，それでも一見格率（今の例では量の格率）を違反しているようにみえるとき，その

矛盾を解決するために聞き手が想起する意味が推意なのである。

　そして「自分は落ち着いていない」という推意が生まれた時点から遡って Judith の発話 (7b, d) を評価してみると，Judith は，その推意を伝えたいために意図的に量の格率を一見違反していたと考えることができる。また，Judith の量の格率違反は明瞭であり，Judith はこの格率の違反自体を Charlie に伝えることで推意の伝達を意図していたと考えることができる。この過程を一般的な形で表現すると (8) のようになるだろう。

　　(8)　発話内容＋格率違反 → 話者の協調の原理の遵守 → 推意

(8) では，話者が発話内容と格率違反を聞き手に知らせ，それでも話者が協調の原理は守っているという見込みから推意が生まれるパターンが時間軸に沿って示されている。

　協調の原理と格率のこのような共同作業の仕組みを理解する上で，1.1 節で導入した「非自然的意味」の定義が重要な意味をもつ。たとえば，長すぎて退屈な挨拶を想像してみよう（想像するに難くないであろう）。長すぎて退屈な挨拶は，量の格率の違反といえるだろうか。これは格率の違反にならない。というのは，長すぎる挨拶をする人自身は，良かれと思って話を続けているので，話者自身は格率に違反していると思っていない。

　(8) のチャートでみると，Judith の場合は，「自分は落ち着いていない」という推意を Charlie に伝えようとしているので，その推意を伝えるために量の格率違反も聞き手に意図的に知らせようとしているといえる。これに対し，長くて退屈な挨拶をする人は，挨拶の退屈さから推意を伝えようとしていないので，量の格率違反も（本人は）していないつもりでいる。量の格率違反に一見みえる「挨拶の長すぎ」は，(2) の Emily のイギリス発音と同様非自然的な意味を伝えない。

　(7) の例は，量の格率 (6a) の「発話時点で，必要なだけの情報を与えよ」に違反して推意が生まれている例であった。次に (6b)

の「必要以上の情報を与えるな」から推意が生まれている例をドラマから取り上げてみよう。

(9) 　場面の説明：Veronica と Mallory はともに女子高生で，Mallory は新聞部の部員である。Veronica は新聞部に入部しようと訪ねてきている。Vernica は父親の探偵業を手伝っていて，カメラや写真に関して相当な知識を持っている。Veronica は，Mallory から小さなカメラを渡されるが，カメラなら自分のカメラを使いたいといって，バックから自分の望遠レンズ付きのカメラを取り出す。

Mallory:　This is a 35mm camera. Now, my suggestion as you're starting out is just to set it on auto and that way you ...

Veronica:　I'd really be more comfortable if I could just use my own camera.

[Veronica pulls a serious camera out of her bag]

Veronica:　Um, (a)the swivel LCD really comes in handy when you're doing overhead shooting or ground level macro-shooting.

Mallory:　[bemused] Right.

Veronica:　(b)The optical zoom actually goes up to 71.2mm and it's good to have the RAW file option because you can mess with the images post-exposure without nearly the loss of image quality you'd get with a JPEG file.

Mallory:　And ... (c)when it's dark outside, you should-you should use a flash.

(13:00–, "Credit where credit's due," *Veronica Mars*, Season 1)

Veronica は，(9a)「頭上のものを撮ったり地上の巨大なものを撮影するのには，この角度調整付きの LCD ディスプレイが便利な

の」に続き，（9b）「このカメラの光学ズームは 71.2 ミリまで伸び
るし，RAW 形式のファイルで記録できるようにもなっていて便利
なの，だって，JPEG 形式のファイルで記録した時みたいな画質の
悪化がほとんどなしに，露出後に画像に手を加えられるから」と
いった高度に専門的な話をまくしたてる。

　Veronica は発話の内容自体を Mallory に伝えようとしていると
いうよりも，カメラの専門的な話で Mallory を圧倒して，「カメラ
のことは十分に知っているから」という推意を Mallory に伝えよ
うとしているだろう。この場合，一見違反している量の格率は（6b）
の「必要以上の情報を与えるな」のほうであろう。

　Veronica のカメラの知識に圧倒された Mallory は，会話の最後
の（9c）で「じゃ，外が暗いときにはフラッシュを焚いてね」（when
it's dark outside, you should-you should use a flash）と，わかりきった
助言を Veronica に与える（2 人は微笑んで，ここで場面が切れる）。こ
ちらは，逆にこの会話の流れの中で情報が少なすぎる（Veronica が
当然知っている思われる情報を発話している）ので，（6a）の「発話時点
で，必要なだけの情報を与えよ」に違反している。おそらく「カメ
ラのことはよく知っているみたいだから任せるね」のような推意が
うっすらと Veronica に伝わっているだろう。

1.3.　協調の原理と質の格率

　続いて，協調の原理と質の格率の関係を考えていこう。（10）が
質の格率である。

（10）　|質の格率（the maxim of quality）|
　　　super maxim: Try to make your contribution one that is
　　　true.
　　　a.　Do not say what you believe to be false.
　　　b.　Do not say that for which you lack adequate evi-

dence.

(Grice (1975: 46 / 1989: 27))

内容説明：
上位の格率：発話の貢献を正しいものとせよ。
a.　間違っていると思っていることを言ってはならない。
b.　十分な証拠がないことを言ってはならない。

質の格率は，言葉によるコミュニケーションの根幹をなす。(10a)
と (10b) に分かれているが，どちらも趣旨は同じで，発話内容が
正しくない可能性を知った上でその発話をしてはならないという要
請である。

　私たちは，日頃質の格率が守られていることを当然視して情報交
換を行っている。誰かが真偽が怪しかったり，にわかには信じられ
ないことを言った場合，日本語では「嘘つけ」のように咎めるし，
英語では No! のように返答して驚きと不信を伝える。これは逆に
通常，発話者が質の格率を守っていると想定しているからに他なら
ない。[2]

　質の格率違反は，三つのタイプに分けることができる。話者自身
が違反に気が付いていない場合，違反を犯していてもそのことを聞
き手に知らせようとはしていない場合，そして質の格率に違反し，
違反していること自体も聞き手に知らせようとしている場合であ
る。このうちの三つ目の場合だけが協調の原理と相互作用して推意
を生む。

　まず，話者自身が質の格率を違反していながら，それを意識して
いない例をみてみよう。

(11)　場面の説明：Joey に勧められた服の仕立屋から戻った

---

[2] Kissine (2013: 84-85) は，人間が発話を聞くと内容を検討することなくま
ず自動的にその内容を受け入れるのだと主張する。この主張が実験的にも裏付け
られるとしている。

Chandler が，Joey と Ross に仕立屋から被った性的いや
がらせの被害を訴えている（Chandler はこれを took advan-
tage of me と表現している）。Chandler によると，仕立屋は
ズボンの股下の長さを測るといって，指を足の下の方か
ら這わせていき，最後は Chandler の男性器を掌で包むよ
うにしたというのである。

Chandler:　Joey's tailor...took advantage of me.

Ross:　What?

Joey:　No way. I've been going to the guy for 12 years.

Chandler:　Oh come on! He said he was going to do my
　　　inseam, and he ran his hand up my leg, and then,
　　　there was definite ...

Ross:　What?

Chandler:　Cupping.

Joey:　That's how they do pants! First they go up one
　　　side, they move it over, then they go up the other side,
　　　they move it back, and then they do the rear.

（17:25-, "The one with Ross's new girlfriend," *Friends*, Season
2)

　性的嫌がらせを熱心に訴える Chandler に対し，Joey は，下線
部のように「ズボンはそうやって作るものだ」(That's how they do
pants!) と主張する。このコメディでは，Joey が少し「抜けている」
役割になっていて，Joey は，Chandler が描写した寸法の測り方が
普通だと思っている。(11) の下線部分は，内容的に正しくなく，
（一見）質の格率を違反している。しかし，Joey 自身は質の格率を
違反しているとは思っていない。

　(10) の定義に照らし合わせて考えてみると，Joey 自身が，その
測り方が正しいと思っているのであるから，(10a) は違反されてい
ない。また，証拠という (10b) に関しても，おそらく Joey は，こ

れまでその仕立て屋で繰り返し，そうやって寸法を測っていたこと
を証拠に挙げて自分の正しさを主張するだろう。したがって，この
ように客観的にみて質の格率を違反していたとしても，発話者自身
がそれを自覚していないし，質の格率違反を伝えようともしていな
ければ推意が生まれない。

　質の格率違反を話者が意識していたとしても，そのこと自体を話
者が聞き手に知らせようとしない場合も，推意が生まれない。これ
が二つ目の格率違反の形である。(3) の Jenkins の例がこれにあた
る。簡単に (3) を振り返ってみよう ((3) を (12) として再録してい
る)。

(12)　Marshall:　Okay. Lily! Hey, baby...

　　　Lily:　Hi, I'm Lily, Marshall's wife.

　　　Jenkins:　[in a fake French accent] <u>Hi, Lily. I'm from
the French Embassy.</u> I'm here because of a small but
significant cheese incident that occurred.

　　　Marshall:　She's Jenkins!

　　　Lily:　You're Jenkins?

　　　　　　(06:15–, "Jenkins," *How I Met Your Mother*, Season 5)

　(12) の下線部で Jenkins は，Marshall と結託して Marshall の
妻である Lily に自分がフランス人であると思わせようとしている
のであった。下線部で Jenkins は，自分がフランス大使館からやっ
てきたと嘘をついている。この発話は，(11) の Joey の発話とは
違い，発話者が質の格率を違反していることを十分に認識してい
る。Jenkins は間違っていると思っている内容を発話しているので
(10a) に違反しているし，十分な証拠がないことを言っているので
(10b) にも違反している。

　しかし Jenkins は，格率を違反していること自体を Lily に知ら
せようとしていないので (質の格率の違反部分に R-intention がないの
で)，質の格率違反による推意 (が非自然的意味の一部として) 生まれ

ることはない。Jenkins の発話は単なる嘘である。

　単なる嘘と，質の格率違反から推意が生まれる場合の違いは，今みた質の格率違反の R-intention の部分に帰着する。質の格率を違反していると話者が意識して，そのことも聞き手に伝えようとする場合，格率の違反から推意が生まれる。質の格率を違反していると話者が意識していても，そのことを聞き手から隠そうとする場合には単なる嘘になる。

　では，質の格率の違反を話者が意識していて，かつそのことも聞き手に知らせようとしている場合の例を二つ検討していこう。どちらの場合も推意が生まれる。はじめはメタファーの例である。

(13)　場面の説明：Chandler は，昨夜酔っぱらって親友の Joey の妹の一人と寝てしまった (fooled around) ことで動転して場面に現れる。最悪なのは，そのことよりも（複数いる Joey の妹のうち）どの妹と寝たかを覚えていないことだと，Phoebe, Monica, そして Ross に告げる。

Phoebe:　Why, what happened?

Chandler:　Ah, I fooled around with Joey's sister.

[Phoebe gasps]

Chandler:　Well, that's not the worst part.

Monica:　What is the worse part?

Chandler:　I can't remember which sister.

Ross:　[to Rachel] You see what men do! Don't tell me men are nice!

[points to Chandler] This is men!

Monica:　Are you insane? I mean, Joey is going to kill you, he's actually going to kill you dead.

(14:00–, "The one where Chandler can't remember which sister," *Friends*, Season 3)

事情を聴いた Monica は，下線部のように，「彼 (Joey) は，あなた

を本当に死ぬまで殺すわよ」(he's actually going to kill you dead) と警告している。

　話の顛末が Joey に知れたら，Joey が Chandler に怒りを爆発させることは想像に難くない。しかし，親友である Chandler を死ぬまで殺す (kill you dead) ということは考えられないし，Monica も本気でそう言っているのではないだろう。そして Chandler もそれは理解しているはずである。したがって，(13) の Monica の発話は，Monica 自身が正しくないと信じていて，またその内容を信じるに値する証拠を Monica が持ち合わせていないと考えられるので，(10) の質の格率のどちらの条件も満たしていない。

　かつ Monica は，Chandler に警告をしているだけで，その内容の文字通りの意味が正しくないことを Chandler に伝えている（質の格率の違反を R-intention で伝えている）ので，この発話から推意が生まれている。推意はおおむね「Chandler は，あなたが本当に後悔して惨めな気持ちになるまで責めるだろう」といったものであると考えられる。

　Monica の発話は，文字通りの意味で解釈すると質の格率を違反している。それでも Monica が，協力的な会話から逸脱してしまっている（協調の原理を無視している）とは考えられない（会話自体はかみ合う形で進んでいる）。この一見した格率の違反と，協調の原理の遵守の折り合いをつけるために聞き手は，「Chandler は，あなたが本当に後悔して惨めな気持ちになるまで責めるだろう」という推意を想起することになるのである（(8) で示した，推意の生まれ方の概略に合致していることを確認されたい）。

　(13) の kill you dead という表現には，もう一つ言語的な工夫がなされている。kill you dead の dead という形容詞は，意味論的に考えて余分である（これが下線部の表現をより面白くしている）。kill you とした場合でも，文字通りに解釈すれば，その内容が実行されれば you are dead となる。dead という状態に至らないのであれば，kill という動詞が表す事態が成立しない。

　文法的には，この dead のような形容詞を結果述語（resultative predicate）と呼ぶ。普通，結果述語は，動詞だけで表す意味が結果までを意味しない場合に，随意的につけることができる。たとえば，I shot the sheriff という文で考えてみよう。shoot (shot) という動詞の場合，「何かに向かって拳銃などを撃つ」というまでだけの意味で，その結果として目的語（撃たれた対象）がどうなったかまでは，動詞の意味の中に指定されていない。

　そしてこの後に dead を付け加えて，shot the sheriff dead とすれば，保安官を拳銃で撃って死なせた，という結果までを言い表す表現になる。(13) の kill の場合には，kill 自体に「死に至らしめる」という結果までを含んだ意味があるので，dead をつけると，すでに意味的に指定されている意味を改めて冗長的に言語化していることになる。kill you dead は，馬から落馬すると同じような表現になっていて，これによって kill you というメタファーをさらに強めるように機能している。

　質の格率違反によって推意が生まれるのは，(13) のようなメタファー（やメトニミー）が一つの代表的な例で，もう一つの例は皮肉表現である。(14) が皮肉表現の例である。

(14)　場面の説明：母（Cate）とモールに買い物にやってきた
　　　Bridget は，ボーイフレンドが映画館でアルバイトをしているのをみかける。Bridget は，これをダサい（lame）と評価している。

　　　Bridget:　Oh, my God, my boyfriend works at a movie theater! This is so lame. Why wouldn't he tell me?

　　　Cate:　Oh, I don't know. Maybe he had the crazy idea you would judge him.

　　　Bridget:　Loser.

　　　(02:25-, "Two boys for every girl," 8 *Simple Rules*, Season 1)

どうしてアルバイトのことを自分に言わないのかと不信に思う

Bridget に対し，Cate は，「(そうすれば) 多分あなたが彼を (否定的
に) 評価するかもしれないという，まったく見当はずれな考えを
持っていたからじゃない」(Maybe he had the crazy idea you would
judge him.) と皮肉る。

　この発話の直前で，実際に Bridget はボーイフレンドのアルバイ
トをダサいと評価していて，これは Cate が「まったく見当はずれ
の考え」(the crazy idea) としている内容である「あなたが彼を (否定
的に) 評価する」(you would judge him) と完全に合致している。
Cate の「全く見当はずれの考え」や，多分 (Maybe) というのは，
事実に合わず，これらが質の格率を違反している。また，質の格率
の違反は，Bridget の直前の発話内容から考えて明らかなので，
Cate は質の格率違反自体も Bridget に伝えようとしている。そし
てこの格率違反から「もちろん，あなたが彼を否定的に評価すると
思ったからに違いない」という，おおよそ発話内容とは逆の意味が
推意として伝わっている。

1.4. 協調の原理と関係性の格率

　続いて三つ目の格率である，関係性の格率と協調の原理の相互作
用を考えていこう。関係性の格率は，質の格率とともに協調の原理
の中で重要な役割を担う。関係性の格率は，Grice 以降の Dascal
(1977: 311)，Sperber and Wilson (1986/1995: 119) などの研究
で理論の中心的な役割を演じていくことになる。

　(15) が Grice の関係性の格率である。

(15)　|関係性の格率 (the maxim of relation)|
　　　Be relevant.　　　　　　　　　(Grice (1975: 46/1989: 27))
　　　内容説明：会話の進行の中で，会話の目的に沿って関連
　　　のあることを言え。

関係性の格率は簡潔で，会話の進行中にその会話の成り行きに関連

があるような発話をするよう求める条件である。通常は関係性の格率が守られて会話が進んでいることは，by the way（ところで）とか completely unrelated, but（全然関係ないんですけど）といった固定表現があることからもわかる。こうした表現は，会話中で話題を変えたいときに用いられるが，話題を変えるということは会話の進行中にこれまでの話に関連性のないことを発話することになるので，そのための合図が必要なのであろう。

　日本語でも「ところで」とか「全然関係ないんですけど」はそのまま使えるので，このことは協調の原理と格率に従うことが理性的（it is reasonable for us to follow）であるからだとする Grice（1975: 48 / 1989: 29）の考えを裏付けることにもなる。そして関係性の格率もその一見したところの違反から推意を生む。

(16)　場面の説明：Phoebe, Rachel, Joey, Chandler らが死後の世界や亡霊について話をしている。Phoebe は，霊的な能力があって，中学生の時に雷に打たれて死んだ友達の存在を鉛筆を使うたびに感じるという。Joey がこうした非科学的な話が信じられないと発話する。

　Phoebe:　　… And Debbie, my best friend from junior high, got struck by lightning on a miniature golf course. I always get this really strong Debbie vibe whenever I use one of those little yellow pencils, y'know? …I miss her.

　Rachel:　Aw. Hey, Pheebs, want this? [Gives her a pencil]

　Phoebe:　Thanks!

　Rachel:　Sure. I just sharpened her this morning.

　Joey:　Now, see, I don't believe any of that. I think once you're dead, you're dead! You're gone!, You're worm food!

[realizes his tactlessness]

... <u>So Chandler looks gay, huh?</u>

(08:15–, "The one where Nana dies twice," *Friends*, Season 1)

（16）の下線部の発話の直前で Joey は，「人間死んだら死ぬだけ
だと思うぞ，おさらばだ，ミミズのえさになるだけだ」(I think
once you're dead, you're dead! You're gone!, You're worm food!) と発
話してしまう。他の会話参加者が，この発話に引いてしまったこと
をみて取った Joey は，「Chandler がゲイにみえるって？」(So
Chandler looks gay, huh?) と，霊や死後の世界とは全く関係のない発
話をして，話をそらせている。

　Joey の発話は（15）の関係性の格率を違反し，そのことでおそ
らくは「もう霊や死後の世界の話はやめよう」とか「直前の自分の
発話のことは忘れてくれ」といった推意を伝えようとしているだろ
う。この場合も，やはり Joey は関係性の格率違反を意識している
し，格率違反を他の会話参加者に伝えようとしているだろう。それ
でも Joey が，協力的に話すことをやめたとは考えられないという
想定から，（8）のパターンにしたがって推意が生まれているのであ
る。

　by the way や completely unrelated という表現は，関係性の格
率の違反が意図的ではないことを他の会話参加者に伝え，それと同
時に格率の違反による推意の伝達も意図されていないことを意思表
示していることになる。（16）の Joey の例で，Joey が関係性の格
率違反を R-intention を伴って他の会話参加者に伝えているかどう
か微妙であると感じた読者もいるだろう。上のパラグラフでは，推
意の説明のための便宜上，格率違反に対する R-intention を前提と
した説明をした。

　しかし Joey が，関係性の格率の違反自体は伝えようとしていな
い可能性もある。その場合わたしたちは，Joey が会話を意図的に
自分の都合のいい（自分の不適切な発話が問題とされない）方向へ持っ

ていこうとしていると感じる。そしてこの場合，Joey がやや純粋
なコミュニケーションから外れた行為に携わっているという意識が
わたしたちにある。R-intention を伴う，非自然的な意味だけが純
粋なコミュニケーションで，それだけが非自然的な意味になるとい
うのが Grice の考え方なのである。

　(16) の Joey の発話は，Joey が関係性の格率違反を他の会話参
加者に伝えているかどうか微妙な例であるが，次の例 (17) では，
話者の関係性の格率違反を聞き手から隠そうとする意図がより明瞭
である。

(17)　場面の説明：姉の Bridget は，高校の課題で小麦粉を詰
　　　めた袋を赤ちゃんに見立てて世話をしている。一方，妹
　　　の Kerry は，慈善事業に協力するためにクッキーを焼い
　　　て寄付する活動を続けている。Kerry はクッキーを焼く
　　　際に，少しずつ Bridget が赤ちゃんに見立てた袋（Bridg-
　　　et は，赤ちゃんを Benicio Del Toro と名付けている）か
　　　ら小麦粉を盗んでいる。Bridget は，赤ちゃんの袋が軽く
　　　なっていくことに気が付く。
　　　Bridget:　Kerry, feel. Is Benicio Del Toro getting lighter?
　　　Kerry:　No, you're probably getting stronger.
　　　Bridget:　Really? 'Cause I don't feel stronger.
　　　Kerry:　I love your hair.
　　　Bridget:　It turned out great, didn't it?
　　　　　　　　　　(12:45, "Baker sale," *8 Simple Rules*, Season 1)

赤ちゃんの袋が軽くなっていくことを指摘された Kerry は，自分
が小麦粉を密かに盗んでいることをごまかすために，「ひょっとし
て，あなたの力が強くなったんじゃないの」(you're probably getting
stronger) と Bridget に示唆する。Bridget にこれを直ちに否定され
た後，Kerry は下線部のように，「髪型素敵ね」(I love your hair.) と，
会話の流れや話題とは全く関係のない内容の発話をする。

　Bridget は，甘やかされた金髪の女子高生という設定なので（赤ちゃんの課題もいやいややっている），Kerry が髪型の話で話題をそらすと，直ちに「（新しい髪形が）うまく決まったんじゃない」(It turned out great, didn't it?) と応じている。この場面で Kerry が，赤ちゃんの袋の話をしたくないのは明白である。その話題を続ければ，いずれは自分が小麦粉を盗んでいることにつながっていくかもしれない。Kerry は，Bridget の髪型を話題にすることで関係性の格率を違反し，赤ちゃんの袋の話を避けようとしている。

　しかし関係性の格率を違反していることを R-intention を伴って Bridget に伝えてしまうと，Kerry は Bridget に「赤ちゃんの袋の話はしたくない」という推意も伝えてしまうだろう。そうすると Bridget は，赤ちゃんの袋が軽くなっていくことの原因を Kerry と結び付けてしまうかもしれない。もちろん，Kerry はこれを避けたい。だから，この場面で Kerry が目指すのは，Bridget の注意を赤ちゃんの袋からそらすことではあるけれども，偶然を装って（関係性の格率の違反は偶然であるとみせかけて）思いを成し遂げたいのである。

　こうした，一見した関係性の格率違反によって「話題を変えよう」という意図が間違いなく R-intention を伴うのは，次のような場合であろう。今 A と B は，C の噂話をして盛り上がっている。とりわけ C の悪口に近い，あることないことを言いあって会話が続いている。そこへ突然 C が現れる。A も B も同じ話題を続けるわけにはいかない。そこで A が B に，「髪型変えたんだ？」と発話する。

　この例の場合，A が B に最も伝えたいことは「C の話題を避けよう」ということであるが，C が居合わせる手前，それを発話によって言語化することで B に伝えることができない。そこで，A は，関係性の格率を違反して C とは関係のない話をする。そして関係性の格率の一見した違反自体を R-intention を伴って B に伝え，「C の話題を避けよう」という推意を B に伝えようとするだろ

う。この場合，A の発話の主な目的が「C の話題を避けよう」とい
う推意を伝えることなのであるから，関係性の格率の一見した違反
を R-intention を伴って伝えようとしていることになるだろう。

　このように，Grice の非自然的意味，とりわけ，R-intention は
言語コミュニケーションを記述し分析する上で大変重要な役割を果
たす。以下でも，必要に応じて R-intention を会話分析の重要な手
がかりとして用いていく。

　一見した関係性の格率違反の最後の例として，これまでにみてき
た話題転換以外の推意が生まれる場合をみていこう。

(18)　場面の説明：Keith とは旧知の仲である Mayor と，ある
　　　事件を追って調査中の警察官 Lamb が，私立探偵 Keith
　　　を訪れる。Keith には，Keith の探偵業を手伝っている娘
　　　Veronica がいて，Veronica と Lamb は（それまでの様々な
　　　経緯から）仲が悪い。

Mayor:　It's been a long time, Keith.

Keith:　I know.

Mayor:　Good to see ya. I wish it were under better cir-
　　　cumstances.

Keith:　Sit down.

[the men sit]

Veronica:　Can I get anybody anything? Water? Coffee?
[directly to Lamb] A banana?

Lamb:　We're good.

Veronica:　Okay. Just leaving.

　　　　(03:15-, "Silence of the lamb," *Veronica Mars*, Season 1)

探偵事務所に相談にやってきた来客（Mayor と Lamb）に対し，飲
み物が欲しいか尋ねるというのは，ごく自然な気配りあるいは慣習
であろう。Veronica の，「何かお持ちしましょうか？水がよろしい
ですか，それともコーヒーがいいでしょうか？」(Can I get anybody

anything? Water? Coffee?) という問いかけは，ごく自然で，格率の違反もない。

　しかし，その発話の直後に，日頃から仲が悪い警察官 Lamb に向かって直接「バナナはいかがですか？」(A banana?) と尋ねる。このような場面の来客に対し，バナナが欲しいか尋ねるというのは（肯定的な返事を得られる可能性も少ないので）関連性が低く，またバナナは提供する食べ物としても場違いである。

　そして Veronica も，Lamb が関係性の格率を違反していることを理解すると想定したうえで（関係性の格率違反に R-intention を込めて）「バナナはいかがですか？」と尋ねている。そしてその発話から，「あなたの推理力はお猿さん並みね」といった推意が生まれている。猿はバナナが好きであるという固定観念を利用した推意の導出である。この例の場合，関係性の格率の違反によって，話題転換ではなく，別の内容の推意が生まれている。また，(18) の例では関係性の格率違反の R-intention が明らかである。Veronica の意図を感知しなければ，Lamb は決して「あなたの推理力はお猿さん並みね」という推意に思い至らないであろう。

1.5.　協調の原理と様態の格率

　協調の原理の最後の格率は発話の様態（manner）に関する格率である。これは (19) のように定義される。

(19)　様態の格率 (the maxim of manner)

　　　super maxim: Be perspicuous.

　　a.　Avoid obscurity of expression.

　　b.　Avoid ambiguity.

　　c.　Be belief (avoid unnecessary prolixity).

　　d.　Be orderly.

(Grice (1975: 46 / 1989: 27))

内容説明：

上位の格率：明快な話し方をせよ。

a. わかりにくい言い方をするな。

b. 曖昧な表現を避けよ。

c. 簡潔に言え（不必要に几帳な言い回しをするな）。

b. 順序だてて話せ。

(19a-d) の様態の格率の下位格率は「明快な話し方をせよ」という上位格率の具体的な指示になっている。

　様態の格率が制約しようとしていることは一見わかりやすい（実は，複雑な要因もあるが，これは後に触れることにする）。たとえば，バーに行ってビールをたくさん飲んだとしたら，went to a bar and drank a lot of beer という順番で言うべきで，これを逆転させて drank a lot of beer and went to a bar と言うべきではないということである。あるいは，アメリカに行ってきたのであれば，アメリカに行ってきたと言えば十分で，アメリカ合衆国に行ってきたというと何だかおかしい。そして，様態の格率，つまり特別な理由がない限りは普通の言い方をせよ，という格率も，その意図的な違反から推意を生む。

　(20) がそのような例である。

(20)　場面の説明：Howard は，ロケットの設計に携わる技術者で，科学的な知識はあるものの，人間関係（特に女性関係）は苦手である。それをストレートに Penny に批判され失意の底にある。罪悪感にかられた Penny は，Howard を励ましている。

Penny:　Well, you'd have a terrific chance. I mean, you're smart, you're funny, you have a cool job. You build stuff that goes into outer space.

Howard:　I guess.

Penny:　Look, I'm telling you, I've known you for, like,

a year and a half and this is the first time I feel like I'm talking to a real person. And you know what? I like him, he's a nice guy.

Howard:　You really think so?

Penny:　Yes.

(16:20-, "The killer robot instability," *The Big Bang Theory*, Season 2)

落ち込んでいる Howard に対し，女性関係も将来いい機会に恵れるであろうし，頭もいいし，面白いし，誇れるような仕事もしているし…といった具合に Penny は慰めの言葉をかける。そして，最後に Howard のことを，下線部のように I like him, he's a nice guy.（私は彼が好きだし，彼はいい人よ）と励ましを締めくくっている。

　ここで問題となるのは，Penny が Howard と 2 人きりで話をしているのに，Howard を you ではなく，him（he）で指示している部分である。（指示とは，名詞表現によって言語外の事物を特定することである。詳しくは 2.2 節を参照のこと。）日本語でも，目の前にいる会話相手に対し「私は彼が好きだわ」というのは変である。

　したがって下線部の Penny の発話は様態の格率を違反しているが，この違反は明らかに R-intention を伴っている。というのも，Howard が Penny の him（he）による Howard の指示を了解しなければ，この発話がこのコンテクストで意味をなさないからである。そして him（he）で自分を指示していると気が付く際に，Howard は様態の格率違反に気がつくはずで，その際にその違反自体を Howard に伝えようとする Penny の意図を察知するはずである。

　you で指示することが普通の場面で，あえて him（he）で指示すると，おそらく話者と聞き手の間に一定の距離感が生まれるであろう。様態の格率違反をしている表現は，「目立つ」表現なので，有標な（marked）表現と呼ばれることがある（逆に様態の格率を守っている表現は無標表現と呼ばれる）。有標な指示表現から生まれる距離感

は，文脈によって肯定的にも否定的にも解釈することができる。妻
が夫のことを友達に「あの人」という指示語で指示した場合を考え
てみよう。

　「あの人はそういう人だから」と発話した場合，「夫はそういう人
だから」と発話した場合に比べ，妻は夫から距離を取っている感じ
がして，この場合おそらく否定的なニュアンスとなるだろう。夫婦
という関係を離れて客観的にみてそういう（望ましくない）行動様式
を持っている，といった批判的な響きがするだろう。この場合は距
離感が否定的になる場合である。

　これに対し，(20) の Penny の発話の場合，Howard を励まし，
Howard を褒めちぎっている。すると him（he）による距離感が肯
定的に働き，（通常 you で指示するはずの）今目の前にいる人に対し
て愛想として言うのではなく，（通常 him（he）で指示するはずの）第
3者に対する客観的視点から Howard が素晴らしい人物であると判
断できる，といった評価が伝わるだろう。

　指示による様態の格率違反で，距離感が生まれる例をもう一つみ
ておく。この例の場合は，聞き手に対する心理的な距離というより
は，話者自身が聞き手に望む受け止められ方のようなものが様態の
格率違反によって伝えられている。

(21)　場面の説明：（この会話は，ドラマやコメディではなく，リア
　　　リティショーから採っている。もちろん番組制作者の意図も会話
　　　に反映されているに違いないが，ドラマやコメディよりは自然な
　　　会話により近いだろう。）Jason と Lauren は，しばらくの間
　　　付き合いが続いている。これまでにお互いが好きである
　　　ことはわかっていたが，I love you という言葉の形で気
　　　持ちを確認したことはなかった（と思われる）。Jason と
　　　Lauren は海辺を散歩している。Jason は Lauren に向かっ
　　　て I love Lauren と発話する。

Jason:　I love Lauren.

Lauren:　What?

Jason:　I love Lauren.

(15:50–, "The end of the beginning," *Laguna Beach*, Season 2)

(20) の Penny と Howard の場合と同じように，Jason は Lauren と 2 人きりでいるので，無標の表現は I love you である。そしてやはり (20) の場合と同じように，Jason は，意図的に様態の格率を違反し，そしてその格率違反の意図も Lauren に間違いなく R-intention の形で伝えている。Lauren が自分を指示しているのでなければ，Jason の発話が場面の中で意味をなさない。

(20) では，Penny が Howard を持ち上げていて，その意味内容から指示の様態格率違反によって，Penny の Howard に対する肯定的な距離感が伝わっていた。逆に夫について「あの人はそういう人だから」と友達に告げる妻の場合，「そういう人だ」という突き放したような述語内容から，「その人」に否定的な距離感が感じられるのであった。

これらに対し Jason の (21) の I love Lauren では，話者の聞き手に対する評価ではなく，話者自身の聞き手に対する気持ちが表現されている。この点で，この発話は話者自身が聞き手に評価を委ねるような意識となるだろう。Jason が今会話している Lauren に対し，無標の I love you と発話して，もし Lauren がそれを快く受け入れることができない場合，Jason は面目を失い，また Lauren もきまりが悪いだろう。

そこで Jason は無標の (unmarked) I love you の代わりに I love Lauren と発話する。すると you と発話する場合に比べて Lauren と発話した場合，Jason が Lauren との間に心理的距離を取ることができる。またそのことを聞き手も認識する。すると，Jason 自身はまるで聞き手以外の人の話をしているかのように装って，心理的に楽な気持ちでの心情吐露ができるであろう。また Lauren に対しても，内容的に重い告白を圧迫感なく伝えることができるだろう。

　先に指摘したように，様態の格率は，一見言語使用者の直観に訴えるわかりやすい格率にみえる。しかし，実際は四つの格率の中でも最も複雑な格率だといえる。それには二つの理由がある。一つ目は，様態の格率から生まれる推意が明確な命題の形にならないか，明確な命題の形にすると実際の言語使用で起こっていることを歪めてしまう感じがあるからである。そして二つ目は，どういった基準で有標と無標のペアを決めるかの基準が確立されていないことである。これらの問題を順番に考えていこう。

　まず，推意の形について議論する。量の格率の違反から推意が生まれる例としてみた (7) を思い出してみよう。(7a) で「ちょっと落ち着いて聞いてくれれば事情を説明するから」(I'm gonna try if you'll calm down for a minute and listen.) と Charlie に説得された Judith が，(7b) で「聞いているわよ」(I'm listening.) と量の格率に違反してより少ない情報を与えることで，「落ち着いてはいない」という推意を伝えるのであった。

　この例の場合，「落ち着いてはいない」という推意はかなり明確で，真偽を判断できる命題の形をとっている (Judith が落ち着いていなければ命題が真となり，落ち着いていれば命題が偽となる)。これに対し，様態の格率の違反の例である (20) や (21) の場合，格率違反から生まれる推意が (7b) の例ほど明瞭ではない。たとえば，(20) で him (he) を Howard の代わりに使った場合，先に議論したように Penny は自分の発話内容に客観性を持たせることができ，かつその客観性が肯定的な内容であることを聞き手に伝えることができると議論した。

　ここまでの分析はあまり異論がないところであると思われる。しかし，さらにこの要因を加味して，Penny は Howard に (20) の下線部の発話 I like him, he's a nice guy. から，「客観的に私は判断している」という命題的な推意を伝えていると分析することが適切であろうか。この命題は，Penny が him (he) によって (様態の格率違反意よって) 実際に行っていること，つまり自分の発話を客観

的，好意的に聞こえるようにしようとしていることを，命題化している
ことになる。筆者はこの分析が，行為を命題に翻訳するという
間違いを犯していると考える。

　Penny は様態の違反によって，自分の発話を客観的，好意的に
響かせようとしている。しかしそれは行為であって，真偽が判断で
きるような命題ではないだろう。このことは，次のような形である
程度確かめることができる。Judith の発話の場合，「聞いているけ
ど，落ち着いてはいないわ」と推意となるはずの命題を Judith が
音声化してもほとんど不自然ではない。これに対し，Penny の発
話を「私は Howard が好きだし，Howard は素敵な人で，私は自分
の発話を客観的，好意的に響かせようとしている」とするといかに
も不自然である。

　(21) の Jason の I love Lauren の場合，様態の格率違反による
推意が命題的な内容ではないことをより明瞭に示している。敢えて
命題のような形で Jason が行っていることを表現しようとすれば，
「私はあなたを愛しているが，それを他人に伝えるように表現して
あなたへの心理的負担と自分の体裁を守ろうとしている」のように
なるだろう。しかし，このように「やろうとしていること」を命題
の形にしてしまうと，そもそもやろうとしていることの効果が著し
く奪われてしまうだろう。推意が明瞭な命題の形にならない，これ
が，様態の格率が複雑である第 1 の要因である。

　様態の格率の二つ目の問題点は，有標と無標のペアの基準であ
る。有標と無標という考え方は，Jakobson や Trubetskoy といっ
た，プラーグ派の言語学にその源があり，生成文法理論でも使われ
ることがある言語学の最も重要な概念の一つである。たとえば，日
本語では SOV の語順が無標で，OSV の語順が有標である，とい
う具合に使われる。具体的には，「花子が太郎をほめた」という語
順が無標で「太郎を花子がほめた」という語順はどこか「普通では
ない」有標表現となる。

　有標性を議論する際には，どの形がどの形に対して有標となるの

かという基準が明確でなければならない。ごく素朴な観察として，日本語の SVO と OSV では，語順こそ違えその真理条件的な意味は同じであるという基準から，この二つをペアとしてとらえ，SOV を無標，OSV を有標と考えることが一応できるだろう。しかし，Grice の様態の格率の場合，何をペアとして有標と無標を考えるのか，その基準はあいまいである。

　それは，Grice の挙げた様態の格率違反の例が，必ずしも真理条件的に同じ意味をもつペアではないことが原因である。

(22) a.　Miss X sang "Home Sweet Home."
　　　b.　Miss X produced a series of sounds that corresponded closely with the score of "Home Sweet Home."

(Grice (1975: 55/1989: 25))

Grice は，(22a) の「X さんは，Home Sweet Home を歌った」という発話と，(22b) の「X さんは Home Sweet Home と密接に対応する一連の音を発した」という発話を比べ，(22b) が有標である（様態の格率に違反している）と議論している。Grice は，(22b) の produced a series of sounds that corresponded closely with the score of という表現が，sang という「簡潔でほぼ同義の」(concise and nearly synonymous) 表現に対して有標である，と判断している。

　Grice がここで，様態の格率の比較対象として同じ命題内容の発話同士に限定しているのか，あるいは直観的に同じ趣旨の内容の発話と考えれば十分なのか，不明確である。Rett (2020: 58) は，真理条件的な同一性が比較の基準であると判断している。しかし，(22a) と (22b) は，厳密に真理条件的な意味としては同一ではない。

　したがって，様態の格率を議論する際には，この比較対象のペアに関して慎重になる必要がある。(20) と (21) の例は，どちらも指示表現として機能する名詞同士のペアであった ((20) は Howard

と he (him) で，(21) は you と Lauren)。同じ指示対象をもつ名詞は，そのどちらを使っても文全体の真理条件的な意味が変わらないことが知られている。これをライプニッツの法則という (Cann (1993: 263) や Huang (2014: 230) を参照のこと)。(20) と (21) では，ライプニッツの法則が機能しているので，様態の格率を比較する際に，厳しい方の基準を採用しても比較のペアとして有効である。

　その他，真理条件的意味が同じになるペアとして，(23) の能動文 - 受動文，(24) の名詞句からの外置構文 ((24a) が外置していない形で，(24b) が外置した形)，(25) の重名詞句移動構文 ((25a) が移動していない文で，(25b) が移動した文) などがある (Searle (1969: 22-29) や Birner (2013: Chapter 6) に関係する例と議論がある)。

(23) a. The beaver built the dam.
　　 b. The dam was built by the beaver.
(24) a. I met [a cook [who is from Japan]] this morning.
　　 b. I met [a cook t] this morning [who is from Japan].
(25) a. I met [my beautiful aunt from San Diego] at the airport.
　　 b. I met t at the airport [my beautiful aunt from San Diego]].

(23) のペアでは，the beaver と the dam が，能動文と受動文との交替で主語と目的語の位置が入れ替えられている。(24b) と (25b) では，(24a) の who is from Japan と (25a) の my beautiful aunt from San Diego が，文中の位置から文末の位置へと移動されているが，どちらのペアでも真理条件的な意味が同じになっている。

1.6.　一般化された会話の推意

　Grice は，言外の意味として伝わる推意が三つの種類に分けられ

るとした。一つ目がこれまで単に「推意」と呼んできたもので，正確には特殊化された会話の推意 (particularized conversational implicature) と区分される。特殊化された会話の推意が発話から生まれる場合，話者が四つの格率のうちどれか (あるいは複数) を違反していながら，それでも協調の原理自体は違反していないように思えるのであった。そして一見した格率違反と協調の原理の遵守を両立させるには，話者が意図した推意を聞き手が想定する必要がある，という働き方をするのであった。

　特殊化された会話の推意と対比されるのが，一般化された会話の推意 (generalized conversational implicature) である。Grice は，一般化された会話の推意を (26) のように記述する。

(26)　| 一般化された会話の推意 (generalized conversational implicature) |

　　　But there are cases of generalized conversational implicature. Sometimes one can say that the use of a certain form of words in an utterance would normally (in the absence of special circumstances) carry such-and-such an implicature or type of implicature.

　　　　　　　　　　　　　　　　(Grice (1975: 56 / 1989: 37))

　　　内容説明： 一般化された会話の推意 (generalized conversational implicature) という推意の例もある。発話の中である単語を使うと，普通 (特別な状況がない限り) 何らかの推意 (意味論的な意味を超えた意味) が伝わる場合がある。

一般化された会話の推意は，それが推意だと気が付くのが難しい。(26) で Grice は，「普通 (特別な状況がない限り)」(normally (in the absence of special circumstance)) 伝わる推意であるとしている。

　まず，Grice 自身が挙げる一般化された会話の推意の例をみておこう。

(27) a. X is meeting a woman this evening.

　　　b. X went into a house yesterday and found a tortoise inside the front door.

(Grice (1975: 56 / 1989: 37))

(27a) のように，「X は今晩女性に会う」(X is meeting a woman this evening.) といえば，普通その女性が X の妻や母，姉や妹あるいは親しい友達ではないことを推意させる。また (27b) のように「X が昨日（ある）家に入るとドアの内側にカメがいた」と発話したとして，後に聞き手が，X が入ったのが自分の家であったと判明すれば，驚くだろうと Grice は観察している。

　それでも，自分の妻や母も a woman であることは間違いないし，自分の家も a house である。したがって，(27a) の a woman が妻や母ではないことは意味論的な意味ではないし，厳密にいえば (27b) の a house が自分の家であってもよいはずである。しかし，(27) のような発話は普通，Grice の観察したような意味を推意として生むであろう。

　特殊化された会話の推意とは違い，一般化された会話の推意の場合，話者が格率を違反しているという想定ではなく，話者が格率を守っているという想定から推意が生まれる。(6a) の量の第 1 格率は，話者に必要なだけの情報を与えるように要求している。通常，必要なだけの情報というのは，話者が知る限り最も正確な（情報量の多い）情報となるだろう。

　たとえば，「冷蔵庫にビールが 3 本入っている」と発話した場合，ビールがきっかり 3 本入っていると聞き手は思うだろう。実際に冷蔵庫にビールが 4 本入っていたとしても，5 本入っていたとしても，3 本以上入っているのであれば冷蔵庫にビールが 3 本入っていることになる。しかし，4 本以上ビールが入っているのであれば，(「3 本」ではなく) 話者は話者が知っている限り最大の数を聞き手に伝えるように期待されているだろう。

　(27) の例は，数の表現ではなく名詞の特定性の問題であるが，原理は同じことになる。

　(28)　妻　　a.　a woman
　　　　　　　b.　the speaker's spouse
　(29)　自分の家　　a.　a house
　　　　　　　　　　b.　a property belonging to the speaker

「妻」という単語は，(28a) のように女性であるという情報に加え，(28b) のように話者の配偶者であるという情報を含んでいる。また，「自分の家」は (29a) の単なる家ではなく，(29b) のその所有者が話者のものであるという情報も含んでいる。

　このように考えると，妻だとわかっている人物を a woman と表現したり，自分が所有する家を a house と表現することは量の第 1 格率を違反することになる。逆に，普通 a woman とか a house と言えば，話者も聞き手も妻や母，そして話者の家が除外されていると想定することになる。この想定は，特定の文脈で生まれる特殊化された会話の推意とは違い，「普通 (特別な状況がない限り)」(normally (in the absence of special circumstance)) 話者と聞き手の間で共有されるので，一般化された (generalized) 会話の推意と呼ばれるのである。

　これまで，具体例をテレビ番組から引用してきたが，ここでは前大統領 (2024 年 1 月時点) の Donald Trump 氏の実際の発話から一般的会話の推意の例を検証しておこう。

　(30)　場面の説明：警官が黒人の容疑者を誤って死に至らしめた案件をきっかけに，全米でデモが発生した (2020 年 5 月)。ホワイトハウス近くの教会付近もデモに巻き込まれ，大混乱となった。当時の大統領 Donald Trump 氏は，警察を動員してデモを鎮圧した後，その教会まで歩いていき，聖書を片手で掲げて写真を撮った。

Question:　Is it your bible?

Trump:　It's a bible.

（https://www.youtube.com/watch?v=klPeYrlInZQ，2023／01／
09 閲覧）

集まった記者の 1 人に「それはあなたの聖書ですか」と問いかけら
れ，Trump 氏は It's a bible. と答えている。

　この例は (27b) とほぼ同じで，a bible と答えることで，Trump
氏は手にしている聖書が my bible ではないことを記者に推意させ
ている。(27b) の例に関して Grice は，後に聞き手が a house が
発話者自身の家であることがわかったら驚くだろうとコメントして
いる。同様に (30) で，後に聖書が Trump 氏のものであるとわ
かったら，記者は驚くであろう。より情報量の多い my bible では
なく，a bible と表現することで my bible ではないことが，推意
として記者に伝わっているからである。

　この Trump 氏の具体例の場合，一般的会話の推意だけではなく，
他の要因も関与している。Trump 氏は，自分の聖書ではないこと
を間違いなく一般化された会話の推意を利用して表現している（も
ちろんこれは Trump 氏の言語直観によるもので，Trump 氏に語用論の知
識があったわけではないであろうが）。しかし，(30) の Trump 氏の発
話の場合，記者から「それはあなたの聖書ですか」と尋ねられた際
の返事なので，Trump 氏の発言自体，量の格率に違反していると
もいえる。というのも，Trump 氏の It's a bible という返事が，正
確に言えば記者の質問に対する十分な答えにはなっていないからで
ある。(30) の Trump 氏の発話は，一般化された会話の推意を利
用しつつ，特殊化された会話の推意を生んでいる例とみることがで
きる。

　一般化された会話の推意は，このような程度を表す表現によく現
れる。程度表現のこうした推意は，Horn (1972, 1989) によって
詳しく分析された。不定冠詞 a と定冠詞 the や，3 本と 4 本，

some と all，often と always のようなペアでは，より限定が弱い
意味の表現（それぞれのはじめの方の表現）を使うことで（それぞれ後
の表現が意味する）より広い意味が成立していないことが推意として
伝わる。こうした語彙の組み合わせは，Horn から名前を取って
Horn scale と呼ばれている。また Levinson (2000) は，一般化さ
れた会話の推意を体系的に理論化した重要な研究である。

　数の表現以外では，時制表現に一般的会話の推意が潜むことがよ
くある。これを (31) の例で検証しよう。

(31)　場面の説明：老夫婦である Al（夫）と Beverly（妻）が，
　　　Al の教育観について冗談（「馬を水辺に連れていくことはで
　　　きるが，馬に考えさせることはできない」(You can lead a horse
　　　to water, but you can't make 'em think.)）を交えながら話し
　　　ている。Dan はその（使い古された）冗談にあきあきして
　　　いる。

　　　Dan:　They're really doing great in school.

　　　Beverly:　Al was always very concerned with the chil-
　　　　　dren's education. He was some father. What is it you
　　　　　<u>always used to say</u>?

　　　Al:　You can lead a horse to water, but you can't make
　　　　　him think.

　　　Dan:　You used to say that? And you stopped saying
　　　　　that? He used to say that, and he doesn't say it any-
　　　　　more. He used to say, "you can lead a horse to water,
　　　　　but you can't make him think," and he doesn't say it
　　　　　anymore.

　　　　　　　　　(16:30-, "Dear Mom and Dad," *Roseanne*, Season 1)

Al がよくいっていた (used to say) という言い回しのもとは，「馬
を水辺に連れていくことはできるが，馬に水を飲ませることはでき
ない」(You can lead a horse to water, but you can't make him drink.) で

あろう。Al はこの最後の部分を少し変えて,「馬に考えさせること
はできない」(you can't make him think) として,冗談にしているの
である。

Dan は,おそらく Al がこの冗談を何度もいっているのでうんざ
りしていると思われる。妻の Beverly は,Al がこの冗談を「よく
言っていたものだ」(used to say) と表現している。この冗談にあき
あきしている Dan は,これについて「よくそう言って,言うのを
やめたのですね? ... 彼はもうそう言わないのですね」(You used to
say that? And you stopped saying that? ... he doesn't say it anymore.) と
皮肉交じりに確認している。

used to V は「かつて〜したものだ」という過去の習慣について
表す助動詞的な熟語表現である。この表現が使われた発話では,to
V の部分が言い表す過去の習慣を主語 (の指示する人物) が持ってい
たことを意味する。だから,I used to visit my mother often. とい
えば,発話者がかつて母親をよく訪れていたという意味となる。し
かし,used to V の意味はそこまでで,その後その習慣をやめたか
どうかまでを語彙化しているわけではない。

それは,I used to visit my mother often and still do. と,その
後も習慣をやめていないことを used to visit my mother often に
続いて still do と表現することができることからもわかる。used
to V と (習慣を表す) 現在形を比べてみると現在形の方が広い意味
を表している。かつて母親をよく訪れていて,今も同じことを続け
ていれば,それは大きく習慣として記述できるので現在形を使えば
十分である。すると量の第 1 格率から,より狭い意味の used to V
を使用すると,話者がそれを現在形で表現する立場にはないこと
(すなわち,その習慣をどこかの段階でやめてしまったこと) が一般化さ
れた会話の推意として伝わるのである。Dan が (31) の会話で問題
にしているのは,この used to V から生まれる一般的会話の推意
で,Dan 自身はこの推意が成立しない (いまだにその大して面白くも
ない冗談をいい続けている) と考えていると思われる。

　こうした時制による一般化された会話の推意は日常的に観察される。Have you cleaned up your room? に対し，I will と返答すれば，まだ部屋の掃除をしていないことが一般的な会話の推意として伝わるだろう。日本語でも話者が「私は彼女のことが好きだった」といえば，今はおそらく彼女が好きでないと聞き手は思うだろう。程度表現や時制表現は一般化された会話の推意の宝庫なのである。

1.7.* 慣習的推意

　これまで Grice の提案した 3 種類の推意のうち，特殊化された会話の推意と一般化された会話の推意という 2 種類の推意をみてきた。Grice はこれらとは別に，慣習的推意 (conventional implicature) という推意を 3 種類目の推意として提案する。慣習的推意という用語は，Grice (1975) ではじめて提案されたが，その後意味論・語用論で大きく取り上げられることはなかった。[3] しかし，Bach (1999) や Potts (2005) などの研究がきっかけで，近年大きく注目を集めている。日本語に関しても，Sawada (2018) などでその概念の有用性が主張されている。

　Grice (1961, 1975, 1989) の慣習的推意の記述は断片的なので，ここでは Levinson (1983) の定義を参照しておく（他に，Grice (1961: 127-128, 1975: 44-45 / 1989: 25-26), Potts (2005: 11) の特徴づけも参考のこと）。

(32)　慣習的推意 (conventional implicature)

　　　non-truth-conditional inferences that are *not* derived from superordinate pragmatic principles like the maxims, but are simply attached by convention to particular

---

　[3] Grice (1961) の論文に慣習的推意につながる考察があって，こちらにも重要な議論が含まれている。この部分は，同論文が Grice (1989) に再録される際に削除されている。

lexical items or expressions　　　　(Levinson (1983: 127))
内容説明：協調の原理の格率のような，一般的な語用論
原理から導かれるのではない推意が慣習的推意である。
その推意は，発話の命題からは独立していて，特定の単
語や表現に慣習的に結びついている。

「特定の単語や表現に慣習的に結びついている」(attached by convention to particular lexical items and expressions) のであるから，慣習的推意というのは，語彙のうちにコード化されている意味でありながら，発話の命題的な意味に貢献しない要素ということになる。Grice は慣習的な推意をもつ言語要素として，(33) のような表現を挙げている。

(33)　Grice が慣習的推意をもつとして挙げた言語表現
　　　but, therefore, on the other hand, moreover, so

そして Grice (1961) は，(34a) のような発話が，(34b) を推意として伝えるとしている。

(34) a.　She was poor but she was honest.
　　　b.　There is some contrast between poverty and honesty,
　　　　　or between her poverty and her honesty.

(Grice (1961: 127))

but という等位接続詞は A but B のように A と B を連結し，A と B の間に何らかの対称があると発話者が判断していることが表現される。(34a) のように，She was poor but she was honest. と発話すれば，発話者が「貧しさと正直さ，あるいは ((34a) の主語である) 彼女の貧しさと正直さになんらかの対称性がある」と判断していることが聞き手に伝わる。
　ここで大切なのは，この対称性が発話内容の真偽に影響を及ぼさないように思える点である。仮に聞き手が (34b) の，貧しさと正

直さの対称性に賛成していなくても（つまり，貧しさと正直さになんら相関関係がないと考えていたとしても）she was poor と she was honest が成立していさえすれば，発話全体の命題は真だと判断されるだろう。そして but という単語が使われるたびに連結された A と B との間の対称性が推論される。つまり，A と B との対称性という推意が but という語彙の中に慣習的に含まれていることになる。これが理由で，このような言語要素が慣習的推意と呼ばれるのである。[4]

　では，続いて慣習的推意の内容を理解するための具体例を検討する。

(35)　場面の説明：Robin, Ted, Lily, Marshall の 4 人がバーで会話をしている。but を使う場合，but に先行する発話で肯定的なことを言って，後続する発話で否定的なことを言うことが多いということが話題になっている。Robin がみんなに，自分の but は何か，と尋ねている。

Robin:　Hey, what's my "but"? You know, I'm really nice but ...

Ted:　[inner voice] But she is afraid of commitment.

Lily:　[inner voice] But she is a gun nut.

Barney:　[inner voice] But she is a Canadian.

Marshell:　[inner voice] But she didn't like *Field of Dreams*.

All:　[say it out loud] I can't think of one. You don't have a but.

　　(02:05–, "Little boys," *How I Met Your Mother*, Season 3)

---

[4] それでも A と B との対比の具体的な内容は，発話で使われた A と B の内容に依存するので，正確にいえば (33) に挙げたような要素は，慣習的推意の引き金として機能することになる。この点は注意が必要である。

48

他の会話参加者は，Robin の I'm really nice but ... に後続する否定的な内容を（心の中で）思い思いにつぶやいている。Ted は「人間関係に深く関与することを怖がる」(afraid of commitment)，Lily は「拳銃狂い」(a gun nut)，Barney は「カナダ人」(a Canadian)，Marshall は「映画 Field of Dreams が好きではなかったこと」(didn't like *Field of Dreams*) をそれぞれ否定的な Robin の特質として挙げている（このコメディでは，Robin がカナダ人であることで少し蔑まれるという設定になっている）。

　会話冒頭の Robin の質問，「ねえ，私の but って何だろう」(Hey, what's my "but"?) からわかるように，but という単語の使用そのものが，but の先行発話 A と後続発話 B に対比があることを聞き手に知らせる機能があることがわかる。この会話で議論されているように，but は，聞き手にとって好ましくないことを伝える際，先行発話 A で聞き手にとって好ましいことを告げて聞き手をよい気持ちにさせ，その後後続発話 B で聞き手にとって好ましくないことを告げるように使われることがある。このような言語使用に関しては，3 章（とりわけ 3.2 節）のポライトネス理論で詳しく議論する。

　Bach (1999) は，こうした Grice の提案する慣習的推意という概念の有効性を疑問視している。Bach は，IQ テスト (indirect quotation test) と呼ぶテストを導入し，Grice が慣習的推意の引き金であるとするいくつかの要素が慣習的推意の一部ではなく，what is said（発話の命題内容）の一部だと主張している。IQ テストというのは，ある言語要素が間接引用節の中に入るかどうかを試すテストである。陳述文であれば，say that ... の that 節の中にある言語要素が入るかどうかを試すことになる。

　たとえば，Grice の挙げる (34a) の発話は，問題なく間接引用節の中に入れることが可能である。

(36)　Toby said that she was poor but she was honest.

(34a) の場合，(34b) の but から推意される内容が，(34a) の発話

者本人のものである。これに対し，(34a) を間接引用節に埋め込んだ (36) の場合，(34b) の but から導かれる推意が (36) の発話者本人ではなく，(36) の主節主語 Toby のものとなる。but が導く対比的な意味が，間接引用節の中で完全に「引用された」形となっている。

　Bach は，このことを理由に but（と他のいくつかの慣習的推意の引き金）が慣習的推意の引き金ではなく，what is said（発話の命題内容）の一部であると主張するのである。[5] そして，Grice の挙げる他の慣習的推意の引き金である moreover や on the other hand を 2 次的発語の力（second-order illocutionary force）をコード化している要素であるとし，慣習的推意という概念が不要だと結論する（2 次的発語の力については，Grice (1989: 362)，Bach (1999: 360) を参照のこと）。

　一方，Bach (1999) の慣習的推意の批判を踏まえたうえで，Potts (2005) は Grice で触れられることのなかった (37a-d) のような挿入的要素や，(37e) の感情表出的表現を慣習的推意だと主張し，再び慣習的推意の概念の有用性を指摘した。

(37) a. Ames was, <u>as the press reported</u>, a successful spy.

(as の挿入句)

　　 b. Ames, <u>who stole from the FBI</u>, is now behind the bar.

(非制限的関係節)

　　 c. Ames, <u>the former spy</u>, is now behind the bars.

(同格表現)

　　 d. <u>Frankly (speaking)</u>, Ed fled.　　（独立分詞構文）

　　 e. The <u>damn</u> Republicans should be less partisan.

(感情表出的表現)

(Potts (2005: 13-15, 160))

---

[5] Recanati (2004: 15) は，Bach の IQ テストの有効性を疑っている。

これらの要素は，発話の主命題の真偽に影響を及ぼすことがない。たとえば，(37a) で，「マスコミが報道するように」(as the press reported) の部分が事実と異なっていたとしても，主節の「Ames は有能なスパイであった」(Ames was a successful spy) が真であれば，発話全体の命題は真であると感じられる。

(37b) の「FBI からものを盗んだ」(who stole from the FBI)，(37c) の「昔はスパイであった」(the former spy)，(37d) の「率直に（言って）」(Frankly speaking) も同じである。また，(37e) の damn は，共和党員に対する話者の否定的感情を表現しているが，この感情表出的表現の有無も，発話全体の「共和党員は，もっと協力的であるべきだ」(The Republicans should be less partisan) という命題の真偽に影響を及ぼさないようにみえる。したがって，発話の主命題の真理条件的意味に影響を与えない，という点で (37) に挙げたような言語要素が (32) の定義を満たし，慣習的推意になるというのが Potts (2005) の指摘である。

(37) のような要素は，さらに Bach (1999) の IQ テストからも what is said の一部ではなく推意であると判断される。ここでは，非制限的関係詞節の例 (38a) と感情表出的表現の例 (38b) をみておく。

(38) a. Toby said that Sal, who is a doctor, is not a doctor.
b. Bush: Clinton says that the damn Republicans should be less partisan. (Potts (2005: 160))

(38a, b) の両方で，非制限的関係詞節 (who is a doctor) と感情表出的表現 (damn) がそれぞれ間接引用節に埋め込まれている。しかし，but が埋め込まれた (36) とは違い，これらの表現の意味の出所が主節主語ではなく，発話者にあると感じられる。

(38a) で，who is a doctor とコメントしているのは，発話者であって Toby ではない（そうでなければ，主節の命題内容である Sal is not a doctor と矛盾してしまう）。また，(38b) では，(Bill) Clinton

が民主党員であることを考えると，共和党員に対し damn の感情
を持つのは，主文主語の Clinton でありそうだ。しかし (38b) で
は，damn の感情が発話者である（共和党員の）Bush であるという
直観が英語話者にある。したがって，非制限的関係詞節や感情表出
的表現は，IQ テストに通過せず，Bach（1999）の想定する慣習的
推意の厳しい方の基準も満たすことになる。感情表出的表現は
2.5.2 節で再び取り上げる。

1.8.* 不完全な推意

　これまでは，話者が協調の原理を遵守しているという想定や，一
見した格率違反から推意が生まれる例をみた。これまでにみた例で
は，話者が一定の推意の伝達を意図し，聞き手もほぼ意図した通り
の推意を了解していた。

　しかし，日常の会話ではいつもそのように円滑に推意が伝わると
は限らない。話者が推意の伝達を意図していながら，その推意を聞
き手が感知しない場合や，話者が推意の伝達を意図していないの
に，聞き手が推意を発話の中に読み込んでしまう場合もあるだろ
う。また，話者が推意を伝えようとして一見した格率違反を犯し，
それに聞き手も気が付いて推意を探る場合でも，話者が意図した推
意とは違う推意を聞き手が想定してしまう場合もあるだろう。

　このような，話者と聞き手の間でかみ合わない推意を，不完全な
推意（near implicature）という。この節では，Saul（2002）で論じ
られた不完全な推意をドラマの例を用いながら理論的に検討してい
く。まず，Saul（2002: 231）がまとめる，Grice（1975, 1989）の
推意の生まれ方をみておく。普通の（特殊化された会話の）推意は，
(39) のような条件のもとで生まれるとされる（以下すべての引用で，
Saul の特徴づけを趣旨が損なわれない程度に簡略化して示すこととする）。

　(39) a.　The speaker is presumed to be following the conver-

sational maxims, or at least the cooperative principle.
b. The supposition that he thinks that q is required to make his saying consistent with this presumption.

(Saul (2002: 231) の簡略版)

　(39a) は，話者が協調の原理と格率を守っているという想定が推意の計算に必要であるという条件である。後半の「少なくとも協調の原理は」(at least the cooperative principle) という但し書きが，協調の原理そのものではなく格率は（推意の伝達を意図する場合）一見して違反されることがあることを保証している。(39b) は，話者 (he) が q という推意を想起していることが，発話の一見した格率違反とそれでも話者が少なくとも協調の原理は守っているという想定を両立させるために必要であるという条件である。以下で紹介する，話者の推意 (utterer-implicature) と聞き手の推意 (audience-implicature) は，(39) の条件に多少の変更を加えて説明されることになる。

1.8.1. 話者の推意

　話者が発話によって推意を伝えようとしたとしても，その推意が聞き手にうまく伝わらない場合がある。Saul (2002) はそのような推意を話者の推意 (utterer-implicature) と呼び，(40) のように特徴づける。

　(40)　話者の推意 (utterer-implicature)
　　　a. The speaker thinks that he is presumed to be following the conversational maxims, or at least the cooperative principle.
　　　b. The speaker thinks that the supposition that he thinks that q is required to make his saying consistent with this presumption.

(Saul (2002: 235) の簡略版)

内容説明：

a. （聞き手はそう思っていなくても）話者が，協調の原理と格率を守っている（したがって格率の違反から推意が生まれる）と考えていること。[6]

b. （聞き手はそう思っていなくても）話者が，q という推意を想定することが発話内容と協調の原理を両立させるために必要であると考えていること。

(39) と (40) との差は，(40) の下線部のように (39) のそれぞれの条件に The speaker thinks（（聞き手はそう思っていなくても）話者が）という但し書きがつけられたことである。これらの但し書きによって，話者の推意では，協調の原理の利用もそこから生まれる推意も，話者自身の判断だけに依存すればよいことになる。下線部がつけ加わって条件が厳しくなったようにみえるが，それはみせかけで，下線部によって聞き手が除外されるので，実質的に (40) は (39) の条件が緩和された形となる。

(41) が話者の推意の典型的な例である。

(41)　場面の説明：Lorelai と Sookie は，小さなホテルを開業しようと計画し，Fran というおばあちゃんの土地を買い取ろうとしている。Fran は土地を売る気がない。Fran が高齢なので，Lorelai と Sookie は Fran の死後，土地を引き継ぎたいと申し出ようとしている。しかし，「死」という直接的な表現を避けて推意によってこれを伝えようとしている。

---

[6] (40a) の The speaker thinks という条件の緩和は不要に思える。話者の推意の場合，話者は一見した格率の違反という形で協調の原理を利用しているのに対し，聞き手は話者が協調の原理をただ守っていると考えているはずである。動的か静的かという違いこそあれ，話者も聞き手も協調の原理と格率に従って会話に参加していると考えれば十分であろう。しかし，ここでは Saul の定式化を尊重しておく。

Fran: All I know is that I can't sell the place.

Lorelai: Oh no, I don't mean selling it. I mean, you would keep it forever, but (a)what happens once you're no longer in the position of physically controlling the property?

Fran: (b)How could that be?

Lorelai: Uh, well, if you um, if you …

Sookie: Take a long vacation.

Lorelai: Yes, take a long vacation. Thank you.

Sookie: You're welcome.

Lorelai: And (c)when you're on that long vacation, the property is just left sitting there. Well, what happens then?

Fran: (d)Oh, I don't enjoy vacations. I toured the California gold country ten years ago, it was hot and the bus smelled.

(07:40–, "The ins and outs of inns," *Gilmore Girls*, Season 2)

　まず Lorelai は (41a) で，物理的にその土地を管理する立場になくなったら，どうしますか」(what happens once you're no longer in the position of physically controlling the property) と，遠回しに Fran の死をほのめかしている。しかし Fran は，(41b) で「どうしてそんなことが起こるのよ？」(How could that be?) と，Lorelai の発話を文字通りに受け取り，Lorelai が意図した，Fran が死んだら，という推意を理解していない。

　続いて Sookie が示唆した，take a long vacation という表現を使い，Lorelai は (41c) で，「長い休暇を取ったら」(when you're on that long vacation) と再び Fran の死後のことを推意させる。しかしこれも Fran は理解せず，Lorelai の発話を文字通りに理解して，(41d) で「でも，あまり休暇を楽しめないの」(Oh, I don't enjoy vacations）と返答している。

　（41a）と（41c）の発話で Lorelai は，格率の違反をしているつ
もりで（（40a）を動的に利用するつもりで）いる。そして，格率の違反
と，それでも Lorelai が協調の原理は守ろうとしているという想定
から，Fran が死んだ後にという推意を伝えようとしている。少な
くとも Lorelai はそれを意図している。Fran はそのことにも気が
つかない。しかし（40b）は，話者が潜在的な推意 q を想定してい
れば十分であるという条件なので，Fran の死後，という（41a, c）
の発話の推意が話者の推意ということになる。

　話者推意は，（8）の発話の生まれ方（ここに（42）として採録した）
で，格率違反を聞き手が関知しない場合であると特徴づけることも
できる。

　（42）　発話内容＋<u>格率違反</u> → 話者の協調の原理の遵守 → <u>推意</u>

下線を入れた格率違反が，聞き手に伝わらず，結果として下線を入
れた推意も聞き手に伝わらない場合が話者の推意である。格率違反
が聞き手に伝わらない部分を（40a）の条件が保証し，推意が伝わ
らない部分を（40b）の条件が保証している。

1.8.2.　聞き手の推意

　次に Saul（2002）が，不完全な推意のもう一つの例として挙げ
た聞き手の推意（audience-implicature）を考えていこう。聞き手
の推意は，話者が意図していない推意を聞き手が発話の中に読み込
んでしまう推意の例である。これは，（39b）の発話が生まれる条件
を（43）のように緩和することで，説明される（（39a）は変更の必要
がないが，参照の便を考えて（43a）として再録している）。

　（43）　聞き手の推意（audience-implicature）

　　　　a.　The speaker is presumed to be following the conver-
　　　　　　sational maxims, or at least the cooperative principle.

56

b. The audience believes that the supposition that he thinks that q is required to make his saying consistent with this presumption.

(Saul (2002: 242) の簡略版)

内容説明：

a. 話者が，協調の原理と格率を守っている（したがって格率の違反から推意が生まれる）と考えていること。

b. 話者が，q という推意を想定することが発話内容と協調の原理を両立させるために必要であると考えていると，聞き手（だけ）が信じていること。

　聞き手の推意の場合でも，発話者が協調の原理と格率を利用しているという想定が必要なので，(39a) の条件がそのまま (43a) として保持されている。変更されたのは (39b) で，(43b) では (39b) の条件に下線部の「聞き手（だけ）が」(The audience believes) が追加されている。普通の推意の条件である (39b) の場合，推意となる q の想定が，発話者と聞き手で共有されている必要がある。しかし聞き手の推意の場合，当然話者は推意を意図していないので，発話者という条件が除外されて (43b) の形になっている。

　では，聞き手の推意の例をみていこう。

(44) 場面の説明：Jackson は，この日歴史のテストがあり，体中に覚える必要があることをペンで書いてそれを服で覆って隠している。カンニングしようと計画しているのである。父親の Robby はそのことを全く知らずに，息子の Jackson に今日のテストがうまくいくよう，励ましている。

Robby: Hey I'm just going for a quick jog. (a)Good luck on your test.

Jackson: (b)What do you mean by that!

Robby: (c)Nothing, I'm just saying good luck.

> Jackson:　Oh ... thanks.
> Robby:　(d)You got everything covered?
> Jackson:　(e)What do you mean by that!
> Robby:　Wow, son, take it easy. I can see you're stressed but everything will be fine.
> Jackson:　I know!
>
> (17:00– "Cheat it," *Hannah Montana*, Season 3)

　Robby が (44a) で「テストうまくいくといいな」(Good luck on your test.) と Jackson に告げる。Robby は，単純に Jackson がテストでうまくいくように願っているだけである。ところが Jackson は (44b) で，「それはどういう意味だ」(What do you mean by that!) と問いただしている。おそらく，Good luck の意味を深読みして（推意として）「カンニングがうまくばれないといいな」と Robby がほのめかしたと誤解しているのである。

　Robby が推意を伝えるつもりが全くないことは，続く (44c) で「別にどういう意味でもなく，ただうまくいくといいな，と言ったんだ」と返していることからわかる。さらに Robby は，「ちゃんと試験範囲全部を勉強したか」(You got everything covered?) と Jackson に確認する。しかし Jackson は再び (44d) で，「それはどういう意味だ」(What do you mean by that!) と問いただしている。今度は covered という単語で，「試験範囲をくまなく勉強した」ではなく，「体に書き込んだ歴史事項をちゃんと隠したか」という推意を Robby が伝えようとしていると勘ぐっているのである。

　(42) のチャートで考えると，下線部の格率違反が，(43a) で発話者が協調の原理と格率の利用をしているという想定となる。そして (43b) の緩和された条件によって，(44a) と (44d) の下線部の推意が聞き手だけのものでよいことが保証されるのである。

　聞き手の推意は，聞き手が（話者が意図していない）格率の違反を読み取る例と特徴づけることができるであろう。Jackson は後ろ

めたいことがあるので，Robby の何気ない表現の選択に必要以上に敏感になり，ありもしない格率違反から推意を読み込んでしまっているのである。

話者の推意の場合，聞き手に伝わっていないものの，話者自身はR-intention を伴って推意を伝えようとしているので，推意が非自然的意味になる。これに対し聞き手の推意の場合，格率違反とそこから導かれる推意が話者による R-intention を伴っておらず，非自然的な意味とはならない。ここには注意が必要である。

1.9.* 命題態度

1.9 節と 1.10 節では，命題態度について考えていく。2.8 節で取り上げる共通基盤（common ground）とも深い関係がある話題で，まだ語用論の中で十分に探究がなされていない未開発の研究分野であると思われる。

普通私たちは会話に参加する際に，会話の参加者が正しいことを言っていることを当然視している。そして，多くの互いに正しいと信じている命題（情報）を背景に，さらに新しい情報を会話の中で追加していく。この節と次の節で考えようとしているのは，この，「命題に対して正しいと信じている」という想定がどこからやってきているのかという問題である。

母が「雨が降っているわよ」と発話すれば，普通私たちはその発話内容を信じる。そしてその信念をもとに，傘を持って行ったり，後に雨ではないとわかったら母に「雨なんか降ってないじゃない」と不満を言ったりする。母は「雨が降っているわよ，そしてこれを正しい命題だと私は信じているのよ」と発話したわけではない。それでも普通，会話の中では発話の内容が正しいことが当然視されている。

これまでは，概念の説明のあとに具体例をみたが，この節では先に会話の中で私たちがいかに発話内容をそのまま信じるように方向

づけされているかを具体例でみて，続いて理論的な考察をしてい
く。(45) は，嘘をつき続けるというやや特殊な会話の例である。

(45)　場面の説明：Penny と Leonard が帰宅すると，ルームメ
　　　イトの Sheldon が，二つの Spock（スタートレックという
　　　SF の登場人物）のおもちゃの人形を二つの箱に入れたり入
　　　れ替えたり，不審な動きをしている。自分の Spock のお
　　　もちゃが壊れたので，Leonard のおもちゃとこっそり取
　　　り換えるか迷っているのである（Sheldon と Leonard は全く
　　　同じ Spock のおもちゃを Penny からもらっている）。場面で
　　　は，もう一度おもちゃを入れ替えたところで（Leonard の
　　　おもちゃが壊れている状態で），Penny と Leonard が部屋に
　　　入ってくる。Penny は Leonard に箱を開けておもちゃで
　　　遊ぶように促す。

Penny:　Leonard, I bought you this because I wanted
　　　you to have fun with it. I don't want it to just sit in
　　　this box.

Leonard:　You know, you're right. I mean, it's from you,
　　　I'm never going to sell it. I'm opening it.

Penny:　Yes.

Sheldon:　Mmmmm!

Leonard:　It's broken.

Penny:　What?

Sheldon:　Oh, nice job, man-hands.

Penny:　I didn't break it. I, I guess Stuart sold it to me
　　　like this.

Sheldon:　Yes. Yes, he did, that is a perfectly satisfying
　　　and plausible explanation. Yeah, let's all be mad at
　　　Stuart.

Penny:　You know, I paid a lot for this. Let's take it over

there and show him.

Leonard:　Absolutely.

Sheldon:　Wait. It was me. (a)I opened your toy, discovered it was broken and didn't tell you.

Leonard:　(b)Why would you open mine?

Sheldon:　I didn't. That was a lie. (c)I opened my own toy. And it was already broken so I switched them.

Leonard:　(d)Well, you should talk to Stuart.

Sheldon:　I can't because that was a lie. (e)Yours was broken in an earthquake. And that's a lie.

…

Sheldon:　Okay. Leonard, (f)even though I don't have one any more, I hope you have fun playing with it.

Leonard:　And that's a lie, right?

Sheldon:　Big fat whopper. I hope it breaks.

(18:40–, "The transporter malfunction," *The Big Bang Theory*, Season 5)

　Leonard が自分の箱を開けると，Sheldon が壊して入れ替えた Spock のおもちゃが入っている。そこで Penny と Leonard は，売り主である Stuart に苦情を言いに行こうとする。これを Sheldon は (45a) で引き止め，（本当は自分で壊したのであるが）「自分が Leonard の箱を開けてみたら壊れていたけど，黙っていたんだ」(I opened your toy, discovered it was broken and didn't tell you) と嘘をつく。

　Leonard は（この若干怪しい）説明を信じて，(45b) で「どうして俺の箱を開けるんだ？」(Why would you open mine?) と問いただす。Sheldon は，(45a) が嘘だと認めた後，(45c) で「自分のおもちゃを開けたらもう壊れていたので，おもちゃを入れ替えたんだ」(I opened my own toy. And it was already broken so I switched them.) と 2

度目の嘘をつく。Leonard はこちらも直ちに信じて，(45d) で「それなら Stuart に文句を言いに行かなきゃ」(Well, you should talk to Stuart.) と促す。

Sheldon は，(45c) も嘘だと認めた後，(45e) で三つ目の嘘「君のが地震で壊れたんだ」(Yours was broken in an earthquake.) をつく。これは直ちに嘘だと認め，自分の箱を開けて，おもちゃで遊んで壊してしまった後，Leonard と自分の箱を入れ替えておもちゃをしまったという，本当の話をする。(45b, d) の Leonard の反応から，私たちは，嘘を容易に信じてしまうことがよくわかる。発話の内容が真であるということを，普通は自動的に想定しているのである。

命題態度とは関係がないが，Sheldon は，真実を話してしまった後ですら，(45e) で「自分はもう（壊れていない）おもちゃを持っていないが，君はそのおもちゃで楽しんでね」(even though I don't have one any more, I hope you have fun playing with it) と心にもないことを Leonard に告げる。Leonard は，この嘘を直ちに見抜くが，興味深いのは，先の (45a, c, e) と違い，この嘘が必要がないというところである。

Sheldon は，自分のおもちゃを壊してしまって，それを Leonard のおもちゃと入れ替えている。(45a, c, e) はその悪事をごまかすために必要な嘘であるが，すべてを話してしまった今，Sheldon はもはや嘘をつく必要がない。にもかかわらず嘘をつき続ける。最後の嘘は，3章で議論するポライトネスと関係している。嘘をついてしまい，Penny と Leonard に対し面目を失ってしまった Sheldon がそれを取り戻そうと Leonard に対し，耳障りのよいことを言う。しかしその魂胆が透けてみえてしまうと，この場面のようにうまく機能しない。

本題の命題態度に戻ろう。(45) の例でみたように，会話の中で普通私たちは会話参加者が正しいと思っていることを言っていると考えている。この思い込みはどこからやってくるのであろうか。まず思いつくのが，質の格率である。1.3 節でみたように，質の格率

は正しいと信じていることを言えという趣旨の格率であった。また，1.6 節でみたように推意は格率の違反だけではなく，格率を守っているという想定からも生まれるのであった（一般化された会話の推意）。

　この質の格率を守っているという想定から，発話の一般化された会話の推意として「発話者が，自分の発話内容を信じている」という命題態度をもつことが聞き手に伝わると考えることもできそうである。Huang（2014: 33）にこうした分析が紹介されている。しかし，Grice（1978: 114 / 1989: 42）は普通発話者が発話内容を「信じている」という部分を一般化された会話の推意として分析することを明確に否定している。その理論的理由は後で議論することにして，先にその経験的理由を考えていく（Grice 自身は，経験的な理由を議論していない）。

　一般的に発話から伝わる推意の部分は，直後にその推意を否定することができる。推意で伝わる部分は，あくまでも推意であって意味論的意味ではないので，これは当然のことである。量の格率を違反している（7b）の Judith の発話，関係性の格率違反である Veronica の（18）そして Trump 氏の一般化された会話の推意の（30）を例にこれを検証してみよう。（読者がそれぞれの例に容易に戻れるように，番号はそのままにしておく。またそれぞれ（　）に想定された推意を記載しておく。）

　(7) b.　Judith:　All right, I'm listening. (I am not calm.)
　(18)　　Veronica:　A banana? (You are a monkey.)
　(30)　　Trump:　It's a bible. (It's not my bible.)

　(7b) で，Judith は，calm の部分に触れないことで（量の格率を違反することで）not calm を推意させているのであった。Veronica は（18）で Lamb に A banana? と関係性の格率違反をして尋ねることで，You are a monkey. という意味を伝えている。Trump 氏は，It's a bible. と質問に答えることで，It's not my bible. という

推意の言語化を避けていた。これが (30) である。しかし，(　) の推意として伝わった部分は，どれも取り消しが可能である。

　(7b) では，直後に Judith が，I am calm と発話しても問題ないし，Veronica も，(18) の後に but I do not imply you are a monkey, we just have a lot of bananas と続けることができるだろう。(30) の Trump 氏の発話も，It's a bible, in fact, it's my bible. であっても論理的な矛盾が起きない。特殊化された会話の推意であれ，一般的な会話の推意であれ，推意は取り消すことができる。

　ところが，発話から普通は伝わると考えられる，その発話内容を信じているという命題態度の部分を否定すると支離滅裂な発話になってしまう。たとえば，It's raining outside と発話した直後に，but I do not think it's raining outside と発話したら，話者が一貫した言語行動を取っていないと感じられる。命題態度の部分が推意ではないので，否定が難しいのである。

　では，発話の命題態度の部分は，どこからやってくるのであろうか。Grice は，命題態度が，非自然的に意味する行為の一部だと考えている。Grice は (1) でみたような一般的な非自然的意味の定義に並んで，より詳細な，命題態度を組み込んだ非自然的な意味の定義を提案している（オリジナルの定義は複雑で難解なので，本書の目的に合わせ，原義を失わない程度に簡略化してある）。

(46)　命題態度（propositional attitude）を伴った非自然的意味の定義

　　　"By (when) uttering x U meant that p" = U uttered x intending [i] that A should think U to believe that p and [ii] that A should, via the fulfillment of [i], himself believe that p."

　　　　　　　　　　　　　（Grice (1968: 230-231, 1989: 123) の簡略版）

　　　内容説明：発話者 U が発話 x によって命題 p を非自然的に意味した＝U が，聞き手 A に対して次の二つのこと

をするように意図して，x を発話した。[i] A が U が p
を信じていると考えること。そして [i] が達成されたこと
を通じて A 自身も p と信じること。

　(46) の非自然的意味の定義は，二つのことを行おうとしている。
一つ目は，「非自然的に意味する」こと自体の中に「信じる」という
命題態度を組み込むことである。こうすることで，命題態度が非自
然的に意味することそのものになる。信じる部分が操作の対象では
なく操作そのものになる。このことで，上でみた「信じている」と
いう部分が否定できないことが説明される。否定できるのは，操作
の対象となっている命題 p の部分（とそこから生まれる推意）だけで，
実際の操作は「行為」なので否定できないのである。

　これは次のような比喩でより容易に理解できるだろう。何かがで
きたご褒美に，バッジをあげるという手段と，「よくやったね」と
言葉でほめる手段があるとする。後に何かができた，という部分が
間違えであった（何も成し遂げられていなかった）ことが判明したとす
る。バッジであれば，それを返させることができるが，言葉によっ
てほめたことは取り消せない。発話によって伝わる「信じる」部分
が，言葉によってほめることと同じだ，というのが Grice の (46)
の非自然的意味の定義の要点である。どちらも行為なので，後でや
めることができないのである。

　(46) の非自然的意味の定義の二つ目の意図は，発話者が聞き手
に期待する内容として [i] と [ii] で列挙した二つのことを同時に達
成するよう指定していることである。[i] は発話者自身の「信じる」
という命題態度を聞き手に知らせる意図で，[ii] は発話者が聞き手
にも発話命題を信じるように期待する意図である。この二つが同時
に働いて，発話によって話者と聞き手が同じ命題態度を抱くという
事態が生まれることになる。

1.10.* 発話の責務

1.9 節では，普通人が信じていることを聞き手に知らせることで，聞き手にも同じ信念を抱かせようとし，そのこと自体が非自然的に意味することの一部であるという Grice の考え方をみた。そしてこのような，非自然的な意味を表現する発話の連続から，会話の参加者がお互いに信じていると当然視している会話の前提知識 (2.8 節で詳述する共通基盤 (common ground)) が形成されていくことになる。

このような，「相手が信じていると信じる」という非自然的な意味からの会話の成り立ちの説明に反対する立場がある。反対する立場の研究者は，主に言語習得の過程を問題にする (Geurts (2019: 2))。たとえば，発話者が It's raining outside と発話したとしよう。Grice の考えに従えば，この発話の意味を理解するために聞き手はまず，話者の命題態度を想像し話者の気持ちになって話者自身の命題態度を理解し受け入れる必要がある。

このような，「他人の気持ち (命題態度) を想定する」という高度な心理的機能は，4 歳くらいまでの子供には難しいとされる研究がある (Breheny (2006))。それでも 4 歳位の子供が普通に会話に参加しているという経験的事実は，Grice の考える「信じていると信じる」形では説明がつかないと主張される。

また，(1) でみたように Grice の非自然的意味は「知らせる意図も知らせる意図」である R-intention が条件になっているのであった ((46) の命題態度を伴う非自然的な意味の定義では省略しているが，(46) のもとの定義では，U uttered x intending の intending の部分に R-intention が想定されている)。この R-intention という概念には，無限後退 (infinite regress) と呼ばれる問題があることが知られている。無限後退とは，「反応を引き起こそうとする意図を伝える」だけではコミュニケーションの成立に不十分で，「『反応を引き起こそうとする意図を伝えようとしていること』も伝えよう

66

と」していなければいけない，という具合に伝達意図が累積し終点がないことをいう。無限後退は，Strawson（1964: 446-447），Schiffer（1972: 17-27）などで初めに指摘された。[7]　三木（2019）はこの問題を根拠に，Grice 的な信念に基づく会話の説明を退けている。

　無限後退は語用論的に重要な現象なので，具体例でこれを観察しておく。

(47)　場面の説明：Chandler と Phoebe という（仲の良い友達同士の）男女の会話である。お互い，相手に恋愛的な感情を抱いていないし，そのことをお互いが了解している。しかしお互いが，あたかも恋愛感情があるかのようなふりをして相手をだましてからかおうとしている。しかしからかおうとしていること自体，お互いに認めていない（それを認めてしまえば，「ふり」ではなくなり，からかうことも成立しなくなる）。

Chandler:　You look good.

Phoebe:　Thanks! Y'know, that (a)when you say things like that it makes me wanna rip that sweater vest right off!

Chandler:　Well, (b)why don't we move this into the bedroom?

Phoebe:　Really?

Chandler:　Oh, do you not want to?

Phoebe:　No. No! It's just y'know first, I wanna take off

---

[7]　無限後退の議論は，かなり人工的に想定された例を根拠になされる。Bach（2012: 54-55）は，R-intention（信じていることを信じている）を「想定」（presume）するだけで十分であるとしている。R-intention という厳密な概念の代わりに，「互いに明白にする」（mutually manifest）という概念が Sperber and Wilson（1986 / 1995: 60-64）によって提案されている。

all my clothes and have you rub lotion on me.

(21:30–, "The one where everyone finds out," *Friends*, Season 5)

(47a) で Phoebe は「そういうことを言うと，チョッキを乱暴にはぎとりたくなるわ」(when you say things like that it makes me wanna rip that sweater vest right off) という。対抗して Chandler も (47b) で「寝室に移動しようか」(why don't we move this into the bedroom) と提案する。

　どちらの発話も相手に発話内容を伝えようとしている（反応の期待を伝えている）し，その意図があることも伝えようとしている。Pheobe も Chandler も，相手が降参するまで本気であるふりを続ける決意をしている。したがって (47) のどちらの発話も，(1) の非自然的に意味することの定義から判断すれば，非自然的に何かを意味したことになってしまう。しかし (47) のどちらの発話もその行為によって相手をかつごうとしているので，普通のコミュニケーションからは外れていると感じられる。

　どうしてそうなるかといえば，お互いに反応の期待を R-intention で伝えようとしている，その意図（相手をかつごうとしている）を隠しているからである。このように，R-intention は，(1) の定義にあるような二重の意図による定義では不十分で，論理的にはどこまで退いてもさらにその意図を聞き手から隠す方策が残されることになる。したがって，(1) のような定義が機能しないというのが，無限後退の問題である。

　Grice の「信じていることを信じていると伝える」といったような会話の説明の代替案として，発話の責務 (commitment) という考え方が提案されている (Hamblin (1971), Brandon (1994), Gilbert (1987), Kibble (2006), MacFarlane (2011), Krifka (2015), Geurts (2019), 三 木 (2019, 2022), Garmendia (2023), Weissman (2024))。発話の責務とは，発話者が発話を行うと，その瞬間に会話参加者に

対してその発話内容に責任を負うようになるという考え方である。

(48) 　発話の責務 (commitment)

... human communication is first and foremost a matter of negotiating commitments rather than one of conveying intentions, beliefs and other mental states.

(Geurts (2019: 1))

内容説明：人間のコミュニケーションは，意図や信念といった心理的な状態の伝達というよりも，まず発話による責務の取り決めの問題である。

発話の責務の考え方では，「信じていることを信じている」のように，聞き手が話者の心の中を想定したり，聞き手がその結果として話者の信念を共有するといった心理的な反応が想定されていない。発話は，ルーレットでチップをベットエリアに置くような行為として認識される。ルーレットでは，いったんチップがベットエリアに置かれると，賭けが成立し，ルーレットの回転の結果に基づいてチップを置いたプレーヤーがその責任を負う。賭けに負ければチップは没収され，賭けに勝てば一定の報償が得られる。

同じように，It's raining outside と発話すれば，発話者はそれが真であると想定した行動に縛られることになるし，他の会話参加者もそれを当然視する。It's raining outside と発話した話者が，外出するのに傘を持たなかったら，「さっき雨が降ってるっていったじゃん」という具合に話者を責めることができるだろう。あるいは，It's raining outside という発話を聞いていた聞き手が，傘を持たずに外出しようとすればやはり「さっき雨が降ってるっていったじゃん」と聞き手を咎めることができるだろう。

会話の責務の理論が，どの程度まで Grice のような心理的な会話の説明の代替になりうるのかは，今後の研究に委ねられている。特殊化された会話の推意のような，発話者や聞き手，コンテクストに強く依存するような現象については，発話者の意図や命題態度と

いった心理的な過程を一切経ずに説明することは難しそうに思える（Davis（1998）は，推意も Grice のような心理的な説明が成立しないと主張している）。Geurts（2019: 28）は，Grice 流の心理的な会話の説明と発話の責務のような説明が，排他的ではなく相補的であるとしている。

　発話の責務の理論の明らかな長所は，日常の言語使用で明らかに話者が信じていないとわかっている発話がなされることをうまく説明できることである（López（2023）にいくつか例が示されている）。以下では，ドラマからそのような例を二つみていく。はじめは，「なかったことにする」発話である。

(49)　場面の説明：Jesse と（この会話では登場しない）Joey は，間違って他の人の自転車を家に持ち帰ってしまっている。事情を知らない Becky が，たくさんの自転車をみて「自転車屋を襲ったの？」（rip off a bike store?）と冗談で尋ねる。そこへ，その地区の治安維持のボランティアをしている Kimmy がやって来る。

Becky:　Hey, what did you guys do, rip off a bike store?

Jesse:　Shh!! I stole mine from a kid and he stole his off a truck.

Becky:　What?

Kimmy:　Open up, its Crime Catchers. Official Business!

Jesse:　Its Gibler, go hide the bikes. (a)You heard nothing and you saw nothing.

Becky:　(b)I know nothing.

（10:00–, "Bicycle thief," *Full House*, Season 7）

　Becky がすでにたくさんの自転車を目撃したことは明らかであるが，(49a) で Jesse は Becky に「君は何も聞かなかったし何もみなかった」（You heard nothing and you saw nothing.）と告げている。

この発話を Jesse は信じていないし，信じていないことは Becky にも明らかである。この発話は，(46) の命題態度を伴った非自然的意味の定義からみると意味をなさない。

　しかし発話の責務の考え方では，発話をした瞬間，その内容に関して（正しいか正しくないかに関係なく）責務がはじまり，その発話の内容が真であると振る舞うよう責任を負う。また，(49b) で，これを聞いた Becky も同じ発話の責務を負うことを承認している。英語では，このように「〜にしておいてくれ」という発話がしばしばなされる。それを承知すると，その「〜にしておく」ことが発話の責務という考え方によってうまく説明することができる。

　発話の責務という考え方は，発話の責務が会話参加者によって異なりうることもうまく扱える。

(50)　場面の説明：Rachel と Monica は，友達の Pheobe からもらった不気味な女の子の絵を押し付けあっている。どちらも自分の部屋にその不気味な絵があるのが耐えられない。その一方，Phoebe を傷づけたくないので，互いに相手がその絵をもらって部屋に飾ってほしいと思っている。2 人が絵を押し付けあっているところへ Pheobe が部屋に入ってくる。

　　　Monica:　(a)She's yours!!

　　　Rachel:　(b)She's yours!

　　　[while they are both pushing the painting towards each other, Phoebe enters]

　　　Phoebe:　Hey! [there's a pause]

　　　Rachel:　(c)She's mine!

　　　Monica:　(d)She's mine!

　　　　　　　(20:50–, "The one with Ross's grant," *Friends*, Season 10)

(50a, b) では，{Monica, Rachel} という 2 人の間での発話の責務で，それぞれ（She で指示されている）絵が相手のものだと主張して

いる。

　しかし，Pheobe が入って来るや，発話の責務が {Phoebe, Monica, Rachel} という 3 人の間の責務に変更される。すると 2 人は Phoebe へ体面から，(50c, d) のように絵が欲しいと言い張っている。(50a, b) の方は，2 人とも信じていること（自分の本心）を表明しているが，(50c, d) では会話参加者の集合に制限された責務を念頭に発話をしている。このように，発話参加者の集合の違いによって責務が変更される現象も，Grice の (46) の命題態度を伴う非自然的な意味では説明が難しいだろう。

　以上第 1 章では，Grice の非自然的意味と協調の原理に基づいた語用論の基礎を概観してきた。1.9 節と 1.10 節では，Grice の考えとその代替（補完）の考えを突き合わせて議論した。第 2 章では，語用論理論のもう一つの柱である発話行為理論について考察していく。

第 2 章

発話行為理論

2.1. 言葉で行う行為

Grice の非自然的意味と協調の原理は主に文字通りではない意味がどのように生まれ，伝わるかを究明しようとしている。これは1章の (1) でみた，Paris の what's that supposed to mean? で Paris が問いただしたい意味内容のような意味のことである。これとは少し別の視点で発話の働きを考えたのが，発話行為理論である。発話行為理論は，Austin（1962）がその基本的な考えを提示し，Searle（1969, 1975a, 1975b）によって具体的な理論が構築された。

発話行為理論の考え方の基本的着想は，Gazdar（1981），Heim（1982），Groenendijk and Stokhof（1991），Potts（2007），Farkus and Bruce（2010），Portner（2004, 2018a），Portner, Pak and Zanuttini（2019）といった動的意味論・動的語用論に引き継がれている。動的意味論・動的語用論の新しい展開を知るには，Fogal, Harris and Moss（2018）が便利である。そのタイトルは発話行為理論の継承を反映して，*New Work on Speech Acts* となっている。

(1) は，Austin（1962）の遂行文（performatives）と呼ばれる，通常の発話とは性質が異なる発話文の特徴づけである。これが発話行為理論の考え方の基調となっていく。

(1) 　言葉で行う行為（how to do things with words）

In these examples it seems clear that the sentence is not to *describe* my doing what I should be said in so uttering to be doing or to state that I am doing it: it is to do it. 　　　　　　　　　　　　　　　　　　　(Austin（1962: 6）)

内容説明： このような遂行文の例で，発話者は発話文によって行為を記述しているのではなく行為を行っていることは明らかであると思える。

普通発話に使われる文は，言語外の現実世界の状態や，そこで行われている行為を記述する。たとえば，「庭に大きな犬がいる」と発

話すれば，庭に大きな犬がいる，という状態を話者が記述していることになる。外界の状況に言葉を合わせて記述することになる。言葉よりも先に，外界の状況が存在する。

しかし Austin は (1) の直前で，結婚の誓いの言葉，船の名前の命名，遺言，賭けといった内容の発話例を挙げる。そしてそれらの発話で，話者はすでに外界に存在している状態を記述しているのではなく，発話そのものが新たな外界の状況を作り出している (do it) と指摘する。そのうちの一つに I name this ship the *Queen Elizabeth*（私はこの船をクイーン・エリザベス号と名付けます）がある。この発話の場合，この発話の発話前には，船に名前がついていない。そしてこの発話によって，船の名前が正式にクイーン・エリザベス号となる。発話が，船の命名を遂行しているのである。

このような遂行文は，「庭に大きな犬がいる」という記述的な発話文と違い，遂行文を発話することによって世界のあり様を変えている。記述文は世界のあり様が先にあって，それに合わせて記述文を発話する。これとは逆に，遂行文の場合，遂行文が世界のあり様を変化させている。how to do things with words（言葉で行う行為）は，Austin (1962) の本のタイトルにもなっているが，言葉には，世界のあり様を変更する力が備わっているのである。

遂行文は，船の命名のような儀式的なものだけではなく，日常生活でも使われる。これを (2) の例で確認しよう。

(2)　場面の説明：父親である Paul が帰宅すると，2 人の娘 Bridget と Kerry が息子の Rory（会話には登場しない）をカーペットにくるんで動けなくしてしまっている。娘たちの行為に激怒した Paul は，2 人を外出禁止 (grounded) にする。

Paul:　In your room, (a)you're both grounded.

Bridget:　What? You've officially destroyed my life. You're like a life-destroyer. I hate you.

[_(b)Bridget goes to her room]

Kerry: I hate you, too. You are the meanest father ever.
   You're meaner than Angela's father.

Paul: Angela's father did time.

Kerry: Exactly.

[_(c)Kerry also goes to her room]

(01:40-, "By the book," *8 Simple Rules*, Season1)

　子供のしつけの一環として，子供の好むことを取り上げる，という方策は古今東西を問わずにみられるだろう。アメリカでは，そうした躾の方法の一つとして外出禁止（grounded）がある。外出禁止になると，もちろん外に遊びに行くこともできないし，友達に会うこともできない。かといって直接の肉体的な苦痛を伴うものではないので，躾の手段として広く用いられているようである。

　Paul は（2a）で「お前たちは外出禁止だ」（you're both grounded）と宣言する。物理的に考えれば，父親がこう宣言したからといって，Bridget も Kerry も従う必要はない。普通外出禁止となっても，部屋に鍵をかけたり，ましてや椅子に縛り付けるようなことはしないだろう。それでも，この宣言よって，（2b, c）のように Bridget も Kerry も（父親を口汚く罵りながらも）部屋に向かっている（外出禁止を履行しようとしている）。

　Paul が you're both grounded と宣言する前には，娘たちは外出禁止となっていない。そして Paul の宣言によって，Bridget と Kerry は自室から出ないように世界が変容している。Paul の発話は，日常でみられる遂行文の一つなのである。

　Austin（1962）で遂行文と対比されているのが，陳述文（constatives）である。陳述文は外界のあり様を記述する発話に使われ，世界のあり様を変更する遂行文と対比をなすようにみえる。しかし，陳述文も実際に会話で使われる際，遂行を行うことになる。「庭に大きな犬がいる」と誰かが聞き手に発話すれば，（聞き手が話者を信

じる限り）聞き手と話者の共通の理解事項として，この情報が共有されることになる。

Austin 自身も，LECTURE VII の辺りからこのことに気が付き始め，すべての発話の伝達過程を，発語行為 (locutionary act)，発語内行為 (illocutionary act) そして発語媒介行為 (perlocutionary act) といった行為に分解する提案をしていくことになる。[1,2] 発語内行為と発語媒介行為が，遂行文が捉えようとしていた「世界のあり様の変更」の意図とその結果に該当する。陳述文もこのように分析するということは，陳述文も遂行文の一つだと考えることになる。

現在，発話行為理論を一番積極的に取り入れて発話解釈の分析を進めているのが，動的意味論・動的語用論である。動的意味論・動的語用論の基本的な考え方は，「発話は世界（モデル）を更新 (update) する」ことである。したがって (1) で引用した Austin の考え方は，最先端の意味論・語用論にも着実に受け継がれていることになる。

2.2. 指示

上で Austin が一つの発話行為を，発語行為，発語内行為そして発語媒介行為という三つの 行為に分解する提案をしたことをみた。発語内行為と発語遂行行為は，それぞれ 2.3 節と 2.4 節で議論する。はじめの発語行為 (locutionary act) とは，発話で使われた名詞の指示の確定や，陳述 (predication) などの操作によって発話文の意

---

[1]　本書では，一般的な speech act を発話行為と訳し，speech act theory を発話行為理論と訳す。より詳細な Searle (1969) の概念である，locutionary act, illocutionary act, perlocutionary act をそれぞれ，発語行為，発語内行為，発語遂行行為と訳す。

[2]　Searle (1975a: 359)，Scott (2023: 50) に同様の指摘がある。

味を確定する行為のことである。この節では，発語行為の一部である名詞の指示の確定について考えていく。

(3) 指示 (reference)

… reference is a speech act, and speech acts are performed by speakers in uttering words, not by words. (Searle (1969: 28))

内容説明：発話行為とは，単語を発音することで話者が行うのであって，単語が行うのではない。そして，指示は発話行為の一つである。

人は，発話によって何かを記述するだけではなく，積極的に世界のあり様を変更しているという言語活動の捉え方が，発話行為理論の基本である。言語には，言語外の人物・事物を指示する単語がある。人称代名詞 (I, you, she, him, their など) や，固有名詞 (Japan, Tom, Rebecca, San Diego など)，そして普通名詞表現 (the cat, those people, this book, the station など) がその例である。そしてこれらの指示表現の単語に備わった意味を用いることで，話者は外界の人物・事物を指し示し，外界と発話の内容を関係づける。

たとえば，He is my teacher. と発話したとして，He が誰を指すのか，ということを知る言語的手がかりは He だけである。He に内在する言語的な意味指定は，指示対象が男性であるというだけである。したがって，意味的な限定という観点からみると，He というのは男性であればこの世界の誰であってもいいわけである。しかし，He is my teacher. と発話した人は，特定の男性が念頭にあってその男性を He で指示しているのであって，男性であれば誰でもよいというわけではない。

話者は，視線や指差しで複数の男性の中から特定の男性を指示していることを聞き手に知らせるかもしれない。その場に居合わせていない人物の指示であれば，直前の発話に出てきた人物であることを利用して，He で指示しようとしている人物を聞き手が特定でき

るようにするかもしれない。発話者は，様々な方策を用いて，He によって発話者の念頭にある男性を，聞き手に特定させようとするだろう。

　したがって「指示表現を使って人物・事物を指示する」という行為は，単語が行うのではなく，単語を使って話者が行う発語行為（の一部）ということになる。(3) の Searle の引用はこのことを説明している。(2a) で Paul が，you're both grounded という発話によって，Bridget と Kerry を外出禁止にするという行為を行ったように，He is my teacher. の He と発話することで，話者は特定の人物を指示するという行為を行ったことになる。((2a) の you も，Paul による Bridget と Kerry の指示行為ということになる。発話全体の発話行為の中に指示という発語行為が埋め込まれる形になっている。多くの発話は，発話全体の発話行為が，指示という発語行為を含む形になる。) 指示は，発話行為の一つであり，発語行為は意味論的な言語機能ではなく，語用論的な言語機能なのである。

　指示は語用論的な言語機能であるが，通常その役割が地味である。(3) のようにことさら指示が発話行為であると主張する必要があることからも，通常指示が言語行為とみなされていないか，意識されていないことを物語っている。しかし，指示語を巧みに選択することで，指示によって語用論的な意味を生み出すこともできる。これを (4) の例でみておこう。

　　(4)　場面の説明：Lorelai と Christopher は，離婚した元妻と元夫で，Emily は Lorelai の母親である。離婚した後も Lorelai と Christopher は頻繁に連絡を取り合っている（2 人には娘がいる）。この場面では，Christopher の新しい恋人，Sherry の話をしている。
　　　　Emily:　You have a girlfriend?
　　　　Christopher:　(a)Sherry.
　　　　… (この後しばらく別の話をして，再び次の so をきっかけに

Sherry の話に戻る)

Emily: So how long have you been with (b)this woman?

Christopher: Eight months.

…

Emily: [to Lorelai] You've met (c)this woman?

Lorelai: Yes, Mom, I met " (d)this woman" today and she's very nice.

…

Emily: So you're planning on having a family?

Christopher: What?

Emily: With (e)this woman?

Lorelai: (f)Her name's Sherry, Mom, and you're really putting Chris on the spot here.

…

Emily: It was in *The New York Times Magazine*. I'd hold off buying a place with (g)this woman until you look into this.

Lorelai: (h)Sherry, Sherry.

(27:40–, "It should've been Lorelai," *Gilmore Girls*, Season 2)

(4) の会話の面白味は，Emily が Christopher の新しい恋人を this woman という指示表現で指示し続けるところにある。(4a) で，Christopher の新しい恋人 Sherry がはじめて会話の話題に上る。その後しばらく別の話題をした後，(4b) の this woman を含む Emily の発話がきっかけで，再び Sherry の話題に戻ってくる。

(4b) の this woman は，「さっきの女性の話だけれど」のようなニュアンスで，特に失礼な響きはない。Sherry という名前はそれまでに (4a) で一度出たきりなので，Emily が Sherry を this woman で指示することは自然であろう。このように会話参加者が目にみえるところにいない人物を特定する目的で使われる this や

that はやや特殊な用法で, Swan (2005: 583-584) は (5) のような例を挙げてこの用法の説明をしている。

- (5) a. Now tell me about this new boyfriend of yours. (acceptance or interest)
  - b. I don't like that new boyfriend of yours. (dislike or rejection)

(5a) の this new boyfriend の使い方は, Emily の (4b) の例と同じである。先行する会話か, すでに話者と聞き手との間で了解されている (目の前にはいない) 人物を特定する目的で this が使われている。Swan は, このような this が, (5b) のような that による相応表現に較べて受け入れや関心 (acceptance or interest) を示すとしている。逆に that による特定では反感や拒絶 (dislike or rejection) が表現されると説明している。[3]

　Swan の説明から考えると, (4b) の Emily の指示表現はむしろ好意的な印象を会話参加者に与えるかもしれない。しかし, Emily は (4c, e, g) で Sherry を this woman で指示し続ける。これに対し Lorelai は, (4d) のように this woman を強調したり, (4f) のように Christopher の恋人の名前が Sherry であることを Emily に再確認したりして, Sherry を this woman と呼び続けることを咎めている ((4c) 以降は, Sherry や she が望ましい指示語であろう)。それらをすべて無視して, Emily は Sherry を this woman で指示し続ける。

　Emily のこうした指示は意図的で, かつその意図から Emily の Sherry に対する敵対心や心理的距離が他の会話参加者に伝わっている (つまり, Swan の (5) の説明では不十分である)。Searle が (3) で指摘するのは, この例のように, 指示を行うのが単語ではなく発

---

[3] that＋名詞のこのような用法でも, かえって話者と聞き手の親近感を示すことがある。Robin Lakoff (1974: 351-352) を参照のこと。

話者であり，指示は発語行為として語用論的な意味を生むことがあるということなのである。[4]

2.3.　発語の力

　指示は，発語行為の一部である。Austin は，一つの発話行為を発語行為に続いて発語内行為，発語遂行行為へと分解していく。この節では，発語内行為の核心である，発話を発語の力と命題に分解する考え方を議論していく。

(6)　発語の力 (illocutionary force)

The general form of (very many kinds of) illocutionary act is $F(p)$ where the variable "F" takes illocutionary force indicating devices as values and "p" takes expressions for propositions.　　　　　　　(Searle (1969: 31))

内容説明：発語内行為の一般的な形は，F(p) のような表示で表現することができる。変項である F と p は，F が発語内行為の種類を表す表現形式を表し，p が発話の命題表現を表す。

　(6) の Searle の引用は，発語内行為と言語形式の関係を説明している。発話には，普通命題と呼ばれる真偽判断が可能な内容が含まれている。(6) ではこれが p (proposition の頭文字を取ったもの) で表現されている。具体例で考えていこう。

(7)　a.　Penny kicked him.　(F＝陳述)

　　b.　Did Penny kick him?　(F＝疑問)

　　c.　(Penny に対して) Kick him.　(F＝命令)

---

[4] (4) の this woman から推意が生まれる仕組みについては，平田 (2018) を参照のこと。

(8)　p = for Penny to kick him

(7a) の Penny kicked her という発話では，まず話者が Penny と him が誰を指示しているかを聞き手に知らせる。これは発語行為である。そして発話者は発話全体で，「Penny が him で指示される男性を蹴った」という意味を聞き手に伝えようとする。この「〜という意味を聞き手に伝えようとする」という部分が (6) の，発語内行為の種類を表す言語表現 F ということになる。F は発語の力 force の頭文字である。

　(7a) のような陳述文の場合，F という言語形式を特定するのが難しいが，(7b) のような疑問の発語内行為や，(7c) のような命令の発語内行為と比較すると陳述という言語形式 F が（疑問や命令とは違うという形で）特定することができる。英語の疑問文の場合，主語（Penny）と助動詞（did）の語順の入れ替えという手段で疑問の発語の力が表される。また，主語を省略して動詞の原形を用いることで，命令という F が表現される。このどちらでもない形が，陳述の F ということになる。

　(7) のすべての発話に，(8) の for Penny to kick him のような命題が内包されている。一般的な形で表現すると陳述の形になって紛らわしいので，時制の形態素部分（kicked の -ed 部分）を陳述の言語形式と差し当たりみなして，p を不定詞の形で表現している。(7) のどの発話でも，「Penny が him で指示される男性を蹴る」という命題が共通している。発話間の意味の違いは，F の差に還元される。

　この最後の部分が，(6) の分析の非常に有用な点である。日常の言語使用で，これらの区別が大きな意味を持ち，またこの区別が紛らわしい場合もある。このことが F(p) と発話の命題部分と発語の力を分けることではっきりと理解することができる。(9) の具体例でこのことを確認してみよう。

　(9)　場面の説明：Sheldon はルームメイトを探していて，

Leonard が応募している。(アメリカではこのような場合, よく「面接」が行われる。) Leonard は, 面接で Sheldon に「6番目の希ガスは何か」(What is the sixth noble gas?) と尋ねられている。Sheldon は, 知的なルームメイトが欲しいのである。

Sheldon: What is the sixth noble gas?

Leonard: What?

Sheldon: You said you're a scientist. What is the sixth noble gas?

Leonard: (a)Uh, radon?

Sheldon: (b)Are you asking me or telling me?

Leonard: (c)Telling you? (d)Telling you.

Sheldon: All right, next question.

(03:20–, "The staircase implementation," *The Big Bang Theory*, Season 3)

答えに自信がない Leonard は, (9a) で上昇のイントネーションを使って,「えっとラドンじゃないかな」(Uh, radon?) と返事をしている。省略された部分を補って考えると, Leonard の (9a) の返答は, (10a) と (10b) で発語の力が曖昧である。

(10) a. The sixth noble gas is radon. (F = 陳述)

b. Is the sixth noble gas radon? (F = 疑問)

(11) P = for the sixth noble gas to be radon

何事につけ不正確なことが嫌いな Sheldon は, Leonard の曖昧さを嫌い (9b) で,「聞いているのか (疑問), 言っているのか (陳述), どっちなんだ」(Are you asking me or telling me?) と Leonard に答えを迫っている。これに対し, さらに Leonard は (9c) で,「言っているのかな?」(Telling you?) と再び発語の力 F が曖昧な返答をしてしまう。(9c) でも, Leonard は上昇のイントネーション

を使っているのである。

　Sheldon のいらだちを察知した Leonard は，ようやく (9d) で「言っているんだ」(Telling you) と陳述の力 F が明瞭な返事をする。

　「人は発話によって世界を変更する」という発想が，発話行為理論の核心であるが，発話の力 F は，話者によるその変更の仕方の言語的な表現形式部分なのである。F が陳述であれば，聞き手との命題内容の共有の期待で，F が命令であれば聞き手による命題の実行の期待，F が疑問であれば聞き手による命題に対する回答の期待が変更の対象として表現されることになる。

　発語の力や発語内行為には，様々な内容が含まれる。Searle (1975a: 369) は，発語内行為を，(12) の五つに分類する提案をしている。

(12) a.　描写 (representatives)：Penny kicked him.
　　　b.　命令 (directives)：(Penny に対し) Kick him.
　　　　　　　　　　　　　　(Did Penny kick him?)
　　　c.　約束 (commissives)：I promise to kick him.
　　　d.　表出 (expressives)：I thank you for kicking him.
　　　　　　　　　　　　　　(Thanks for kicking him.)
　　　e.　宣言 (declarations)：You are grounded.

(12a) の描写 (representatives) と呼ばれる発語内行為は，陳述文によって普通は行われる，世界のあり様を言葉によって表現する行為のことである。Penny kicked him. がこの例となる。

　(12b) の命令 (directives) は，命令の力によって主に表現される発語内行為で，Kick him. のような命令文がその代表例となる。聞き手が発話後に実行する行為が言語化されることになる。疑問文 (Did Penny kick him?) は，「聞き手に返事をするように求める」行為なので，命令と同じ発語内行為になると Searle は分析する。疑問を命令の一つとする考え方は，Frege (1918) にその起源がある。

　(12c) の約束 (comissives) は，発話者が未来に遂行する行為を

叙述する発語内行為になる。I promise to kick him. と発話すれば，発話者が「自分が彼を蹴る」という命題が発話後に実行されることを発話時点で表明することになる。命令と約束はどちらも，発話時点で命題内容が実行されていない。この点でこの二つの発語内行為が，発話時点で発話内容が外界で成立している描写と対比を示すことになる。命令と約束の違いは，命令の場合発話の命題内容を実行するのが聞き手であるのに対し，約束の場合発話者が命題内容を実行することになるという点である。

（12d）の表出（expressives）は，これらの区分の中で一番異論の余地のある範疇である。Searle（1975a: 357）によれば，コンテクスト上ですでに話者と聞き手との間で了解されている命題に対し，話者の心情を表現するのが表出という発語内行為になる。たとえば，聞き手が him を蹴ったということが話者と聞き手の間で了解されているような場合に，I thank you for kicking him. のように発話することができるだろう。発話者だけではなく聞き手にも発話の命題の内容（彼を蹴ったこと）が了解されている必要があることが，表出の発語内行為と描写の発語内行為との違いである。描写の場合，聞き手が発話の命題内容を了解していないのが普通である。表出の発語内行為については 2.5 節で再び取り上げる。

（12e）の宣言（declarations）には，Austin（1962）が陳述文（constatives）と対比的に捉えていた遂行文（performatives）が属することになる（Portner（2018b: 43））。船の命名や婚姻の宣言，法廷での判決など，発話者が発話を行うことで世界のあり様が直ちに変化する発語内行為が宣言である。（2a）の発話 You are grounded（お前たちは外出禁止だ）で Paul が Bridget と Kerry を外出に禁止するのが，宣言の例となる（2.1 節で（2a）は遂行文の例として検証した）。

（6）の引用部分では，発話の発語内行為の種類を表す表現形式（illocutionary force indicating devices）が F で表現されるとされている。発話行為理論の課題の一つは，F(p) という形式で表現されるように明瞭に話者が意図する F と p を言語表現として分解で

きないという点にある。

(13)　場面の説明：Monica は thanksgiving のための料理をみ
　　　んなのために作っている。みんなが口々にジャガイモの
　　　調理法を Monica に注文している。そこへ Joey もやって
　　　きてテイター・トッツ（一口大のフライドポテト）をリクエ
　　　ストする。

　　Joey:　Hey, Monica, (a)I got a question. (b)I don't see any
　　　　　tater tots.

　　Monica:　(c)That's not a question.

　　Joey:　But my mom always makes them. It's like a tra-
　　　　　dition. You get a little piece of turkey on your fork, a
　　　　　little cranberry sauce, and a tot! It's bad enough I
　　　　　can't be with my family because of my disease.

　　　(12:30–, "The one where underdog gets away," *Friends*, Season
　　　1)

　（13a）で Joey は「質問がある」(I got a question.) と会話の口火
を切る。続いて，（13b）で「テイター・トッツがないね」(I don't
see any tater tots.) と発話する。（13a）で質問があると言っていたの
に，実際の（13b）は言語の表現形式上描写なので，Monica は直
ちに（13c）で「それは質問じゃないわ」(That's not a question.) と指
摘する。

　（13b）は，形式こそ疑問の形を取っていないが，心中で Why
don't I see any tater tots?（どうしてテイター・トッツがないんだよ）
といった疑問の内容を Joey が想定していると思われる。さらにそ
こから，Make tater tots for me.（テイター・トッツも作ってよ）と
いった命令の意味を Joey は伝えようとしていると思われる。
Monica は，それを承知の上で，（13b）の発語内行為の表現形式
（描写）と Joey の伝えようとしていること（疑問あるいは命令）の不
一致を軽く咎めているのである。

　このように話者の意図と一致しない発語内行為の表現形式は，英語の場合多くが慣習化されている。

> (14)　場面の説明：Penny は，自作の髪飾りを作ってそれを
> 　　　売って小遣い稼ぎをしようとしている。（対人関係の形成に
> 　　　問題があるものの）非常に頭のいい Sheldon に，「もっとこ
> 　　　れで儲ける方法を教えることが可能ですか」(Could you
> 　　　maybe show me how to make more money with this?) と尋ね
> 　　　る。Sheldon は，「もちろん可能だ」(Of course I could.) と
> 　　　Penny に告げてその場を去ろうとする。
>
> 　　　Penny:　Sheldon, hold on. (a)Could you maybe show me
> 　　　　how to make more money with this?
>
> 　　　Sheldon:　(b)Of course I could.
>
> 　　　Penny:　Sheldon, wait! (c)Will you?
>
> 　　　Sheldon:　Just to be clear here, you're asking for my as-
> 　　　　sistance.
>
> 　　　Penny:　Yes.
>
> 　　　(04:35–, "The work song nanocluster," *The Big Bang Theory,*
> 　　　Season 2)

(14a) で，Penny はもちろん Sheldon にもっと儲ける方法を教えることが可能か，その能力の有無を尋ねただけではない。英語では Could you ~ という形式は丁寧な依頼として慣習化されている。

　しかし（科学者として）Sheldon は，形式的にものごとを理解するためにこれを察知せず，(14b) で「もちろん可能だ」(Of course I could.) と答え，自分の部屋に帰ろうとする。Penny はあわてて Sheldon を引き止め，(14c) で「そうする意思はありますか」(Will you?) といい直している。

　(14a) のように，疑問という言語形式を使いながら，依頼（命令）という発語内行為を行うことを間接発語行為 (indirect speech act) という。間接発語行為には，(15a) のように話者が意図した行為と

言語化された行為との間で，発語の力 F だけが違い，命題内容は同じ場合がある。

(15)　言語化された発語内行為　　話者が意図した発語内行為
　　a.　F(p)　　　　　　　　　　F′(p)
　　b.　F(p)　　　　　　　　　　F′(p′)

(14a) の Penny の発話の場合がこれにあたる。言語化された発語内行為も，話者が意図した発語内行為も命題内容が for Sheldon to show Penny how to make more money with this で一致している。しかし言語化された F は疑問で，話者が伝えたいのは依頼（あるいは命令）なので，(15a) の右の表示でこれを F と区別して F′ 表している。

　話者が意図した行為と言語化された行為との間の違いは，(15b) のように F だけではなく，命題内容 p も違う場合がある。間接発語行為は Searle (1975b) ではじめて体系的に整理され，理論化された。(16) は Searle (1975b: 61) で提示された (15b) の有名な例である。

(16)　A:　Let's go to the movies tonight.
　　　 B:　I have to study for an exam. (I can't go to the mov-
　　　　　 ies tonight.)

「映画に行こうよ」(Let's go to the movies tonight.) という (16A) の誘いに対して，(16B) で，「試験勉強があるんだ」(I have to study for an exam.) という発話をすることで，間接的に「映画には行けない」(I can't go to the movies tonight.) を A に伝えている。

　(16B) では，言語化された命題と話者が本当に伝えようとしている命題が完全に別になっている。言語化された発話の力も話者が意図した発話の力も陳述（描写）であるが，それぞれ別の命題を陳述する力として機能しているので別の発語の力となる。命題内容も発語の力も，言語化された発話と話者が意図した内容で独立してい

るので，(15b) では，F と F'，p と p' でこの区別を表現している。

　間接発語行為は，なぜわざわざ別の発語内行為を行うことで，実際に意図した発語内行為を伝えようとするのか，という疑問を生む。Searle (1975b: 64) は，「なぜ間接発語行為を使うかというと，ポライトネスがその主な動機である」(politeness is the chief motivation for indirectness) としている。間接発語行為については，3章のポライトネス理論で再び取り上げる。

2.4. 発語遂行効果

　発話行為の三つ目の下位区分は発語遂行行為である。Austin は発語遂行行為を (17) のように特徴づける。

(17)　　発語遂行行為 (perlocutionary act)

　　　　Saying something will often, or even normally, produce certain consequential effects upon the feelings, thoughts or actions of the audience, or of the speaker, or other persons... We shall call the performance of an act of this kind the performance of a 'perlocutionary' act ...

　　　　　　　　　　　　　　　　　　　(Austin (1962: 101))

　　　　内容説明：発話は，普通発話の結果として聞き手や発話者などの感情や考え，行動に何らかの影響を与える。この種の行動を，発語遂行行為 (perlocutionary act) と呼ぶことにする。

発語行為は，概ね発話が伝える命題内容を確定する行為だといえる。そして発語内行為は，命題内容を使って話者が聞き手に発話内容によって直接期待する反応を表す。

　発語内行為が，話者の意図の表明でそれを実行するのが発語遂行行為 (perlocutionary act) である。主要な発語内行為である，陳述，命令，疑問と発語遂行行為との関係をまとめると (18) のように

なる。[5]

(18)　　　　　　発語内行為　　　　　　発語遂行行為

陳述　命題 p の伝達の意図　　聞き手が命題 p を信じ
　　　　　　　　　　　　　　　る（話者と p を共有す
　　　　　　　　　　　　　　　る）

疑問　命題内容の確定の要請　　聞き手が命題内容を確
　　　　　　　　　　　　　　　定して話者に伝える

命令　命題内容の実行の要請　　聞き手による命題内容
　　　　　　　　　　　　　　　の実行

発語内行為と発語遂行行為は，しばしば区別が難しいと批判され
る。しかし，発語内行為を話者の意図の表明で，その実行が発語遂
行行為と考えると両者の関係を連続した行為として理解することが
できる。

　発話者は，発語行為で命題 p の内容を確定し，発語内行為で，
その命題によってどういった行為をしたいかを表明する。そして発
語遂行行為はその実行ということになる。発語遂行行為を実際に実
行するのは，普通話者ではなく聞き手である。話者視点でみれば，
「聞き手に意図した行為をさせる」行為が発語遂行行為であるとい
える（約束（commissives）の場合は，明確に発話者が命題内容を実行
することが発語遂行行為になる）。[6]

　では，明確な発語遂行行為の例をみていこう。

(19)　場面の説明：Charlie は，弟の Alan とともに Alan の子
　　　供の小学校にボランティア活動（演劇の指導）にやってき

---

[5] (12) で示した Searle（1975a）の分類ではなく，言語の表現形式から容易に
発語の力が見分けられる陳述，疑問，命令の3区分で議論を進めている。

[6] 何が表出（expressives）の発語遂行行為（発語遂行効果）となるのか，とい
うのは難しい問題である。Searle（1969: 46）は，発語媒介行為を伴わない発語
内行為があるとし，表出をその候補として挙げている。

92

ている。いろいろな事情から，Charlie が 1 人で教室に残され，大騒ぎをしている小学生の相手をしなければいけなくなった。

Charlie:　(a)Shut up and sit down!

[all the children obediently follow Charlie's order]

Charlie:　(b)Thanks. Now, listen, rehearsal's over. You can all go home.

Girl:　What about our play?

Charlie:　You know how they say, "The show must go on"? They weren't talking about this show.

(11:50–, "Twenty-five little pre-pubers without a snoot-ful," *Two and a Half Men*, Season 1)

　子供たちが大騒ぎをしていていらだった Charlie は (19a) で，「黙って座れ」（Shut up and sit down!）と子供たちに命令する。Charlie がこの発語行為で表現した命題は「子供たちが黙って座る」で，発語内行為は「子供たちが黙って座ることを要請する」といった内容になる。そして子供たちは，これまで騒いでいたのにみんな Charlie の命令に素直に従って，黙って座る。その素直さが Charlie を驚かせ，(19b) で Charlie は，自分の発語遂行行為の完了を確認し，子供たちに感謝している。

　命令の場合は，聞き手が命令内容を実行することが発語遂行行為の完了になり，疑問の場合には聞き手が話者の要請通りに命題内容を確定すれば（質問に答えれば）発語遂行行為の完了になる。陳述の場合は，どんな行為が遂行されることになるであろうか。

　1.1 節の最後で説明したように，はじめ Austin は，陳述に発語遂行行為が伴わないように考えていたと思われる。これが理由で Austin は陳述文（Austin の表現では constatives）と遂行文（performatives）を分けていた。しかし，陳述文も，発語遂行行為が完遂されれば，聞き手が陳述文で表現されている命題内容を信じるという効

果が生まれる。(18) ではこのことを「聞き手が命題 p を信じる（話者と p を共有する）」としている。

　陳述も発語遂行行為を含むことがよくわかる会話を (20) の例でみてみよう。

(20)　場面の説明：Phoebe と Joey は，親友同士で，レストランで交友を深めている。Phoebe は Joey との時間を大切に思う反面，この後デートの約束があって，早く食事を済ませたいと思っている。Joey はそのことを知っていて，わざと食事に時間がかかるように仕向けている。なかなか注文しようとしないのである。

Joey:　Ohh, then no. Maybe I should hear those specials again.

Phoebe:　Oh Joey, we've heard the specials three times! Okay? There's prime rib, mahi mahi and a very special lobster ravioli. [she grabs his menu and hands it to the waiter]

The waiter:　(a)Actually we're out of the lobster ravioli. [putting Joey's menu under his arm]

Joey:　Oh well, (b)that changes everything! [grabs his menu and starts looking at it again] [the waiter leaves]

(13:30–, "The one with all the cheesecakes," *Friends*, Season 7)

今日のおすすめ (those specials) をウェイターに尋ねて時間延ばしをする Joey に対し，Phoebe はいらだって（暗唱してしまっている）今日のおすすめをウェイターの代わりに Joey にすらすらと告げる。すると，おすすめのうち，ロブスターのラビオリが売り切れだと (20a) でウェイターが注意する。

　(20a) で，ウェイターは陳述の発語内行為を行い，Joey（と Phoebe）に命題内容を伝えようとしている。そして Joey（と Phoebe）が，ただちに命題内容を理解して受け入れたため，ウェイター

は発語遂行行為を完了したといえる。この発話で興味深いのは，(20b) の Joey の「それなら話は全く別だ」(that changes everything) という発話である。

Joey が発話を聞いて具体的に遂行したのは，(20a) のウェイターの発話の命題内容を受け取ったことだけである。しかし，一つの命題が知識として加わることで，聞き手の予定や行動，感情が大きく変化するということはごく普通にある。Joey の (20b) は，Joey がよけいな時間を意図的に費やそうとしているので誇張されているが，このように一つの命題の追加が聞き手に影響を与えることがあることがよく表現されている。陳述にも発語遂行行為が含まれているのである。

この節ではこれまで Austin の，発語遂行行為 (perlocutionary act) という用語を使ってきた。しかしこれまでの議論からも明らかなように，発語遂行行為の主導権を握るのは話者ではなくむしろ聞き手である。発話者がいくら発語遂行行為の完遂を願っても（約束以外の場合），聞き手がそれを実行しなければ発語遂行行為をなしえない。したがって，発語遂行は，話者が行うという視点で「行為」(act) と表現するよりも，発語内行為の結果という視点で「効果」(effect) とした方がわかりやすい (Bach and Harnish (1979: 16))。以下，本書では発語遂行効果という用語を使っていく。

発語内行為の結果である，発語遂行効果が聞き手の意図に委ねられていることがわかる会話例をみておこう。

(21)　場面の説明：Monica, Rachel そして Phoebe で自分の将来の計画について話し合っている。

Monica:　So what, you're not the only one. I mean, half the time we don't know where we're going. You've just gotta figure at some point it's all gonna come together, and it's just gonna be ... un-floopy.

Phoebe:　Oh, like that's a word.

> Rachel: Okay, but Monica, (a)what if- what if it doesn't come together?
>
> Monica: ... (b)Pheebs?
>
> Phoebe: Oh, well ... 'cause ... you just ... (c)I don't like this question.
>
> (11:50-, "The one with George Stephanopoulos," *Friends*, Season 1)

将来に不安をもつ Rachel は，(21a) で Monica に対し「もしうまくいかなかったらどうするのよ」(what if- what if it doesn't come together?) と尋ねる。Rachel は，(21a) で，疑問の発語内行為を行い，聞き手 (Monica) による命題の完成（うまくいかなかったときに行うことを言語化する）を要請している。

　Monica は答えに窮し，(21b) で質問を Phoebe に振っている。しかし Phoebe も明確な答えを持ち合わせておらず，(21c) で「その質問は好きじゃないわ」(I don't like this question.) と回答を拒否している。このように発語遂行は，通常聞き手に決定権があって発話者のコントロールしうるコミュニケーションの領域にない。

　発話者がコントロールしうるのは，発語内行為によって話者が成し遂げようとしていることを聞き手に知らせるところまでである。逆に発語内行為を行っても，発話者が発話の命題によって成し遂げようとしている行為を聞き手が認識しなかったら，発語内行為も成功したとはいえない。発語内行為が成功するためには，発話者が聞き手に発語内行為の了解 (uptake) をさせることが必要なのである (Austin (1962: 116-117))。

　発語遂行効果が，話者のコントロールの領域外であることから，発語内行為の了解までがコミュニケーションの成立の条件だと広く考えられている (Strawson (1964: 447), Austin (1962: 116), Bach and Harnish (1979: Section 1.5), Recanati (2004: 3), Plunze (2010: 236), Bach (2012: 53))。

2.5.* 感情表出的表現

感情表出的表現 (expressives) は，Potts (2005) の慣習的推意の研究がきっかけとなって語用論・意味論で近年大きく注目を集めている言語現象である (Potts (2007)，McCready (2010)，Blakemore (2011, 2019)，Gutzmann (2015, 2019)，Sawada (2018)，Yamada (2019))。[7] 感情表出的な表現とは英語の damn とか fucking, freaking, bastard のような，話者のコンテクスト上で特定される対象に対する感情を表す表現のことである。日本語の敬語も，感情表出的表現 (あるいは慣習的推意をもつ表現) として議論されることがある (Potts and Kawahara (2004)，Potts (2005, 2007)，McCready (2014)，Yamada (2019))。

expressives という表現は，もともと Searle (1975a) が提案した五つの発語内行為のうちの一つである ((12) の分類を参照のこと)。Searle 以前にも，より素朴で直観的な意味として，expressives という用語が言語学で用いられてきた (たとえば，Jakobson (1960: 354-355) など)。しかし，現在意味論・語用論で使われている expressives という用語は，Searle (1975a) がもとになっていると思われる。この節では，はじめに Searle (1975a) の考えた表出 (expressives) という発語内行為を概観する。

これに対し，Potts (2005) 以降では，発語内行為というよりも，話者の感情を直接的に表現するようにコード化された言語要素そのものを expressives と呼ぶようになった。もとの用語は同じ expressives であるが，こちらは Searle の考えた発語内行為としての expressives とは一応別の立場と考えて，感情表出的表現と呼ぶことにする。この節の後半で感情表出的表現を扱う。

---

[7] 感情表出的な表現を慣習的推意と分析する先行研究に，Levinson (1979, 1983: 53) がある。

2.5.1. 発語内行為としての表出

　Searle（1975a）の表出は，1 発話の発語内行為を主として考察されているのに対し，Potts（2005）以降の感情表出的表現は独立した主命題をもつ発話の中に含みこまれた語彙要素の使われ方が主な考察の対象になっている。節の最後で Searle の表出と，感情表出的表現との関係を議論する。

　Searle の表出という発語内行為は（22）のように特徴づけられる。

(22)　表出（expressives）
　　　The illocutionary point of this class is to express the psychological state specified in the sincerity condition about a state of affairs specified in the propositional content. The paradigms of expressive verbs are "thank," "congratulate," "apologize," "condole," "deplore" and "welcome."　　　　　　　　　　　(Searle (1975a: 356))
　　　内容説明：表出（expressives）という発語内行為は，命題の形で特定される状況に対して誠実性の条件で指定されている心理的状態を表出することである。表出という発語内行為を表す典型的な動詞は thank, congratulate, apologize, condole, deplore, welcome である。

本書での「内容説明」は，その上で引用した原典の内容を，原義を失わない限りで意訳しているが，(22) はそれでも二つの指定（specified）が入っていて複雑である。ゆっくりと解説していこう。内容がそれほど複雑というわけではない。

　まず「命題の形で特定される状況」（a state of affairs specified in the propositional content）というのは，表出という発語内行為の感情表出の対象となっている命題のことである。「足を踏んづけてごめん」（I apologize for stepping on your toe）という表出では，謝罪という表出の対象である stepping on your toe が，命題の形で

特定されている状況になる。

続く「誠実性の条件で指定されている心理的状態」(the psychological state specified in the sincerity condition) というのは，表出されている心理状態のことである。I apologize for stepping on your toe. では，謝罪の気持ちがこれに当たる。この中に含まれている「誠実性の条件で指定されている」という部分は，apologize と発話すれば，それに応じて本当に謝罪の気持ちを発話者がもっていることが apologize を正当に表出の発語内行為として実行することの条件になっているということである。

謝られても，発話者が謝っている態度でなければ，聞き手は本当に謝られている気持ちにはならない。誠実性の条件とは，謝罪するのであれば，話者が謝罪という行為にふさわしい心理的状態になっていて，それを表出するのでなければならないとしているのである。そして本当に表出の言語表現にふさわしい態度を発話者が抱いていて，その気持ちを表出することが表出という発語内行為を行う目的となる。

表出の発語内行為の対象となる命題は，I apologize for stepping on your toe. の例のように明示化されている場合もあれば，命題内容が話者と聞き手の間で非明示的に了解されていることもある。人の足を踏んづけてしまった後で，I am sorry とだけ発話すれば，for stepping on your toe は，コンテクスト上で了解された命題ということになる。

続いて，具体例で Searle の考える表出という発語内行為をみていこう。

(23) 場面の説明：Alan は Lyndsey にプロポーズするつもりで Lyndsey に会いに来る。ところが Lyndsey のところには，別の男性 Larry が来ていて，Alan に先立って Lyndsey にプロポーズしてしまっている。Alan は (Jeff という偽名で) Larry に対し，ある女性 (ここでは Larry が your

girl と呼んでいる女性である）にプロポーズするつもりであ
ると告げていた。Larry はその相手が Lyndsey であると
は知らない。他方 Lyndsey はすべての事情を理解してい
る。

Larry:　So, Jeff, how did it go with your girl?

（Jeff と偽っている）Alan:　Uh, I was too late. (a)She's mar-
rying someone else.

Larry:　That was quick.

Alan:　Wasn't it?

Lyndsey:　(b)I'm sorry.

（18:35-, "Three fingers of crème de menthe," *Two and Half
Men*, Season 11）

（23a）で，Alan は，Lyndsey に対し，Lyndsey が Larry のプロ
ポーズを受け入れたことを了解したことを告げている。Larry に対
しては，前に話していた女性（Larry が your girl と表現している女性）
がほかの男性（それは Larry のことであるが，Larry はそれを知らない）
と結婚することを告げている。

　（23b）の Lyndsey の I'm sorry は，二つの意味の間で曖昧であ
る（一方の意味を Larry に向けて使い，別の意味を Alan に向けて使って
いる）。Larry に対しては，Alan のプロポーズするつもりの女性が
Lyndsey であるとわかってしまってはならない。したがって Larry
に対して，I'm sorry は，「（誰に対してであれ）Alan のプロポーズが
うまくいかなくて残念に思う」という意味を伝えている。こちらは
恐らく陳述（描写）の発語内行為とみなせるだろう。

　一方 Alan がプロポーズしようとしていたのが Lyndsey である
ことを Lyndsey は知っている。そして Alan のプロポーズを待た
ずに Larry のプロポーズを了解してしまって，これが Alan を失望
させていることもわかっている。したがって Lyndsey は，Alan に
対して（23b）で「Larry のプロポーズを受け入れてしまってごめん

なさい」という意味を伝えようとしている。こちらが Searle が表出と分類する発語内行為である。

　Lyndsey の (23b) が，陳述（描写）と表出の二つの発語内行為の間で曖昧なことは，統語的にも確かめることができる。Searle (1975a: 357) は，表出の感情の対象となる命題は，動名詞で表現されるとしている。

(24) a.　Larry に対して意図した意味（陳述 / 描写）
　　　　I am sorry that Alan's plan didn't go well.
　　 b.　Alan に対して意図した意味（表出）
　　　　I am sorry for accepting Larry's marriage proposal.

Lyndsey の Larry に対する (23b) の意味は，(24a) のように that 節によって表現されるであろう（謝罪ではないので sorry for ~ing は不適切）。

　これに対し，(23b) で Lyndsey は Alan に対し謝罪という表出の発語内行為を行っている。こちらの意味は (24b) のように動名詞を用いて，sorry for accepting Larry's marriage proposal のように表現できるであろう。コメディでは，この二重の意味を敢えてそのまま曖昧な形にすることで，面白味を出しているのである。

2.5.2.　慣習的推意としての感情表出的表現

　次に Potts (2005) 以降，慣習的推意として分析される方の感情表出的表現（こちらも expressives と呼ばれることが多い）を考えていこう。(25) が Potts (2007) による感情表出的な表現の特徴づけである（重要と思われる内容を，やや簡略化した形で提示している）。

(25)　感情表出的表現 (expressives)
　　　Independence: Expressive content contributes a dimension of meaning that is separated from the regular descriptive content.

Nondisplaceability: Expressives predicate something of the utterance situation.

Perspective dependence: Expressive content is evaluated from a particular person. In general, the perspective is the speaker's.

Immediacy: Expressives achieve their intended act simply by being uttered; they do not offer content so much as inflict it.

（Potts（2007: 166-167）の簡略版）

内容説明：

独立性：感情表出的表現は，普通の描写的な表現から独立した次元の意味を伝える。

非移動性：感情表出的表現は，発話時点の話者の気持ちを表現する。

視点依存性：感情表出的表現は，普通話者の視点をとる。

直接性：感情表出的表現は，発話と同時に意図が達成され，内容を伝えるというより一方的に行う行為である。

　（25）の特徴づけも（言語化すると）難解にみえるが，内容はさほど難しくない。具体例で説明していこう。

(26)　a.　I saw that damn girl at the station.
　　　 b.　You said that you saw that damn girl at the station.

（26）の下線部 damn は話者のコンテクスト上で特定可能な事態や対象に対する否定的感情を表す感情表出的表現である。（26）の場合は，発話者が話者と聞き手が特定可能な girl に対して否定的な感情をもっていて，これが damn で表現されていることになる。

　（25）の特徴づけの独立性とは，発話の主命題の意味と damn が表す感情がそれぞれ独立していることを記述している。（26a）では，発話が主命題として I saw that girl at the station. を伝え，こ

れとは独立に発話者が girl に対して否定的な感情を抱いていることが damn によって表現されている。同じ説明が (26b) にも当てはまる。damn を除いた発話全体の命題である You said that you saw that girl at the station. と感情表出的表現である damn が意味的に合算されることなく，発話者の that girl に対しての否定的な評価が damn によって独立に表現されている。

　非移動性というのは，damn が表す感情が，発話時点での感情であって，過去や未来のことを表現しないことをいう。(26a) の発話は過去時制であるが，saw that girl at the station が起こったときに話者が girl に対して否定的な感情をもっているのではなく，この発話を発話したまさにその時に否定的な感情をもっていることが非移動性である。(26b) の damn も，この発話の発話時点の話者の感情を表現し，発話で使われている動詞の時制に damn が影響を受けていない。

　視点依存性は，(26b) のような that 節による埋め込み文中で damn が使われた際にはっきりとわかる。(26b) の間接引用節に you saw that <u>damn</u> girl at the station と damn が使われている。通常 say that に続く節の内容は，say の主語（この例では You）がその意味内容の責任を負う。(26b) で，you saw that girl at the station という意味は，発話者ではなく，主文の主語である You が意味した，という具合に解釈される。

　ところが，damn に関していえば，that 節の中にありながら，なお発話者の girl に対する感情が表現されている。これが (25) の視点依存性である。(1.7 節で Bach (1999) の IQ テストを what is said（発話の命題内容）と慣習的推意を区別する手段として紹介した。(26b) で分かるように，感情表出的表現は IQ テストを通過しない。これが一つの理由で，感情表出的表現が，慣習的推意を生む要素とみなされているのである。)

　最後の「直接性」というのは，感情表出的表現が「何かを伝える」のではなく「何かをする」ものだという直観が話者にあることを表

現している。(26) でも，damn を発話することによって，話者は girl に対するいらだちとか，憎らしさとか，不快さのようなものを吐き出しているのであって，聞き手に何か明確な内容を伝えようとしているのではない。

　この最後の，直接性，という点は，(24a) と (24b) の差を思い出すとよりよく理解できる（Searle の発語内行為としての表出と感情表出的表現の関係は最後に触れる）。(24a) の「残念に思う」というのは，発話者の気持ちの命題的な表現で，これは伝える行為である（(24a) を陳述／描写と分析したのはこのためである）。これに対し (24b) の「ごめんなさい」は，Lindsey が Alan に対して行っている行為であると感じられる。同様に，(26) の damn はどちらも，話者の行為であって，情報の伝達ではないと感じられる（だから Searle の表出という発語内行為と感情表出的表現につながりがあるのである）。

　では，感情表出的表現の具体例を検証していこう。

(27)　場面の説明：ゲームセンターの景品交換所でアルバイトをしている Lily が景品交換に来た女の子と会話している。女の子はトラのぬいぐるみをもらえるに十分なチケットを持っているが，Lily は事情があって，そのトラのぬいぐるみを女の子に渡したくない。Lily は，NASA wishbone というゲーム（二股の木片を2人で引っ張り合って，分かれ目を取った方が勝ちというゲーム）を女の子としている（買った方がトラを取れるという取り決めのようである）。

Lily:　I want a new room.

Girl:　I want the tiger.

Lily:　I want a new room.

Girl:　I want the tiger.

Lily:　Stupid NASA wishbones!

Girl:　Give me my stinking tiger.

Lily:　Okay, but before I do...

(17:35– "Sweet home Hannah Montana," *Hannah Montana*, Season 4)

NASA wishbone で女の子が勝ち，Lily に Give me my stinking tiger.（トラのぬいぐるみをよこせ，こんちくしょうめ）といっている（stinking が感情表出的な表現で，差しあたり「こうちくしょうめ」と訳語をつけている）。

　(26) の例とやや違い，(27) の stinking は，直後の tiger に対して女の子が悪い感情を抱いているのではない。(27) の場合，なかなかトラをよこさない Lily に対してか，あるいはチケットが十分にあってトラをもらえる権利があるのにトラをなかなかもらえないという状況に対して女の子は stinking によって悪態をついていると考えられる。Potts の (25) の独立性が感情表出的表現にはあるので，統語論・意味論的な修飾関係を超えた意味の伝達が可能なのである。

　最後に Searle（1975a）の発語内行為としての表出と Potts（2005）以降慣習的推意として分析されることもある感情表出的表現との関係を考えておこう。コメディからの具体例である (24b) と (27) を対比させて考えてみる。

(24) b.　I am sorry for accepting Larry's marriage proposal.

(27)　　Give me my <u>stinking</u> tiger.

(24b) の場合，「Larry の結婚の申し込みを受け入れて」「ごめん」，という具合に，発話の命題部分 p の「Larry の結婚の申し込みを受け入れて」の部分と発語内行為 F の「ごめん」という部分へと発話行為全体をきれいに F(p) へと分解できる。

　これに対し，女の子の発話 (27) では，Give me my tiger. で，すでに命令の発語内行為が F(p) として成立している。これとは独立に，女の子が自分が置かれた状況に対して否定的な感情をもっていることが表現されている。今，女の子が置かれている状況を仮に

（主命題とへ別の）命題 p′ と表現し，それに対する感情表出的な発語内行為（表出）を F′ と表現するとしよう。すると，(27) は，(28) のように二つの発語内行為へと分析できることになる（これは基本的に Potts (2005: 7) の分析方法である）。

    (28) $F(p)$: Give me my tiger.

              $F'(p')$: stinking ($\fallingdotseq$ I am frustrated for not being able to get the tiger.)

表出の発語の力を $F_{expressive}$ と表現すると，Searle の発語内行為を (29a)，感情表出的表現 x を含む発話を (29b) のように表現することができる。

    (29) a.   Searle の表出の発語内行為：$F_{expressive}(p)$

          b.   感情表出的表現 x を含む発話：$F(p) + x$ $(= F'_{expressive}(p'))$

Searle の発語内行為としての表出は，(29a) のようにそれ自体が単独で命題と発語の力の組み合わせからなる $F_{expressive}(p)$ のように分析できる。これに対し，感情表出的な表現を含む (27) のような発話は，発話の主命題部分 $F(p)$ と，感情表出的な部分の x へと分解され，さらに x が単独で $F'_{expressive}(p')$ という独立した表出の発語内行為であると分析できる。これが (29b) の表記である。感情表出的表現とは，それ自体で主命題とは別の表出という発語内行為を遂行する表現として，Searle の (12) の発語内行為の区分に関係づけられることになる。

    (28) では，感情表出的表現である stinking の意味を「今自分はトラのぬいぐるみをもらえないことにいらだっている」(I am frustrated for not being able to get the tiger.) と命題的に表現している。しかし，感情表出的表現を (28) や (29b) のように命題的に扱う分析は，感情表出的な表現の遂行する動的な言語行為を，命題という静的なやりとりに翻訳しているという点で不十分である。この問題意識から，Potts and Kawahara (2004), Potts (2007), Mc-

Cready (2014)，Portner, Pak and Zanuttini (2019)，Yamada (2019) らは，より動的な（2.9節でみるコンテクストの更新を土台にした）意味分析を展開していくことになる。

　また，Searle 流の (29a) のような，独立した発語内行為としての表出も F(p) のように他の発語内行為と同様に扱う分析には問題があるとする指摘が，Wharton (2009: 87)，Hanks (2018: 5.6)，Krifka (2019: 87-88) にある。表出や感情表出的表現の意味論的，語用論的研究は，ようやく端緒についたばかりである。

2.6.* 意味論的前提

　1.7節で Grice の考えた慣習的推意という概念をみた。慣習的推意は，一般化された会話の推意や特殊化された会話の推意とは異なり，発話の中で使われた言語要素そのものから生まれた発話の命題的内容に貢献しない意味のことをいうのであった。慣習的推意を生む言語要素として but, therefore, on the other hand, moreover, so などを Grice が挙げていた。

　この節でみる意味論的前提（semantic presupposition）という概念は，発話文や発話のコンテクストからではなく，発話で使われている言語要素そのものから発話の命題的な意味とは独立した意味が伝わる，という意味で慣習的推意と似ている。しかし，両者には違いがあると考えられていて，この節では慣習的推意と比較しながら，意味論的前提について議論していく。前提には次の節で説明する語用論的前提（pragmatic presupposition）という考え方もある。こちらは，発話の特定の意味からではなく，発話のコンテクストから想起される，発話の命題とは独立した意味のことをいう。

　意味論的前提は，Strawson (1950, 1952) が Russell (1905) の定名詞句表現の意味論的分析に対する対案として提案した概念である。Russell の定名詞句表現の分析とは，(30) のような文が，文全体の命題に加え，主語名詞句 The king of France の唯一的存在

が意味論的意味の一部であると考える分析である。

(30)　The king of France is bald.

(30) の,「フランスの国王は禿だ」(The king of France is bald.) という命題が真であるためには,「フランスの国王が存在し」さらに「フランスの国王がただ 1 人存在する」必要がある。そしてこのフランスの国王に関する唯一的存在の意味が The king of France という名詞句表現に意味論的にコード化されていると, Russell は分析するのである。

　Strawson はこうした, Russell の意味論的な定名詞句表現の分析に異議を唱え, 定名詞句が普通は伝える, その名詞句の指し示すものの唯一的存在が意味論的前提であると提案する。

(31)　意味論的前提 (semantic presupposition)
　　　It would prima facie be a kind of logical absurdity to say 'All John's children are asleep; but John has no children' ... if a statement S presupposes a statement S' in the sense that the truth of S' is a precondition of the truth-or-falsity of S, then of course there will be a kind of logical absurdity in conjoining S with the denial of S' ... let us say that S *presupposes* S'.

　　　(Strawson (1952: 175), Strawson (1950: 331) も参照のこと)
　　　内容説明:「ジョンの子供はみんな眠っているけど, ジョンに子供はいない」という発話は意味をなさない。S' という陳述が真であることが S という (別の) 陳述の真偽の判断に必要な前提条件となっている場合, S' の否定と S を同時に陳述すると意味をなさなくなる。このような場合, S は S' を (意味論的に) 前提としている (presupposes) ということにしよう。

　(30) の例で (31) の内容を確認すると次のようになる。The

king of France is bald. という陳述 S が，真であるか偽であるかを
判断するには，フランスに国王がただ 1 人存在するという陳述 S′
が真であることが必要だ。そのような場合，The king of France is
bald. という陳述 S が，フランスに国王がただ 1 人存在するという
陳述 S′ を前提としている (presupposes) ということになる。

　Strawson の意味論的前提の，Russell の意味論的コード化との
違いは，意味論的前提自体が，発話の真偽に影響しないと考える部
分である。もしフランスに国王がいなかったり，フランスの国王が
2 人以上いるような場合，Russell の意味論的コード化の考えによ
ると (30) の発話命題が偽と判断されることになる。これに対して
Strawson の意味論的前提の考えによると，そのような場合 (30)
の命題の真偽は判断できないということになる。

　Strawson (1950, 1952) は，意味論的前提 (semantic presuppo-
sition) ではなく，単に「前提とする (presuppose)」という用語を
使っているが，後に Stalnaker (1974, 1978) の提唱する語用論的
前提 (pragmatic presupposition) と対比させるために，Strawson
の前提の概念は意味論的前提と呼ばれている。

　Russell の分析と Strawson の分析との差は，Russell が，The
king of France という定名詞句表現の意味を The king of France
is bald. の意味論的意味の一部だと考えたのに対し，Strawson の
分析では，定名詞句表現の意味を発話の主命題の意味から前提とい
う概念を導入することによって分離したことである。

　Strawson の意味論的前提という考え方が有用なのは，言語に多
くの前提の引き金 (presupposition trigger) という表現が存在する
からである。(32) がその例である。

(32) a.　定名詞句表現
　　　　The king of France is bald.
　　　　（フランスに唯一的な国王が存在すること）

　　 b.　叙述動詞

Sam finally realized / regretted that it was a lie.

（従属節内の it was a lie が真であること）

c. 状況を示唆する動詞

Spencer managed / tried to open the door.

（不定詞句内が表す動作である open the door に困難さが伴うこと）

d. 反復表現

Lyndsey stopped smoking.

（Lyndsey がこれまで煙草を吸っていたこと）

Lyndsey smoked again.

（Lyndsey がかつて煙草を吸ったこと）

e. wh 疑問文

Why did you smoke?

（聞き手が煙草を吸ったこと）

When did you graduate college?

（聞き手が大学を卒業したこと）

それぞれ，下線部が意味論的前提の引き金で，（　）内に前提となる内容を示している。

では，実際にコメディで使われている意味論的前提の例をみていこう。

(33)　場面の説明：Robin と Ted は，恋愛関係を進める次の段階として同棲することに決めた。しかし Robin も Ted もいざ同居するとなるとためらわずにはいられないのであった。

Robin:　I thought we decided we were ready?

Ted:　I know. How did we come to that again?

Robin:　I don't remember. We were fighting? It's all so blurry.

　　　(19:00–, "Moving day," *How I Met Your Mother*, Season 2)

110

Ted の come to that というのは，2 人とも同棲する心の準備が整っていたことを示す。(33) の発話で Ted は，wh 疑問詞の how と，反復表現である again を二重に使って「2 人とも心の準備が整っていたこと」(we came to that) を前提としていることを伝えている。

もし 2 人にかつて「心の準備が整う」ということが起きていなければ，Ted の (33) の発話が不自然に聞こえるだろう。そしてこの前提は how や again という語彙的な意味から伝わっているので，これらが Strawson の考えた意味論的前提の引き金であることがわかる。

はじめに指摘したように，言語要素にコード化された意味から発話の命題内容とは別の意味が伝わるという点で，意味論的前提は慣習的推意と近い関係にある。Grice (1961: 127–129) は，慣習的推意という概念を説明する際に，はじめからこの類似性を問題とし，両者の例を比較しながら議論を進めている。[8]

(34) a. Smith has left off beating his wife.

    b. Smith has been beating his wife.

(35) a. She was poor but she was honest.

    b. There is some contrast between poverty and honesty.

(34a) の left off は，(32d) の stop と同じ反復表現である（したがって (34a) は意味論的前提の例である）。(35a) は 1.7 節で挙げた but による慣習的推意の例である。それぞれ，(34b) と (35b) で発話の命題以外に伝わっている意味が示してある。(34a) では，left off beating his wife であるためには，(34a) の発話以前に (34b) の has been beating his wife が成立していなければならない。また (35a) の等位接続詞 but からは，貧しさと正直さに対比

---

[8] Grice (1961) では，慣習的推意の考え方が示されたものの，慣習的推意 (conventional implicature) という用語は使われなかった。慣習的推意という用語は Grice (1975: 45 / 1989: 26) で導入されることになる。

があるという（35b）の内容が慣習的推意として聞き手に伝わるだろう。

　しかし，Grice は，（34a）と（35a）に質的な違いがあるという。（34a）の場合，Strawson が主張するように，前提である has been beating his wife が成立していなければ，（34a）の真偽が問えないという感覚がある。これに対し Grice は，（35a）の慣習的推意部分である「貧しさと正直さに対比がある」ということを聞き手が同意していなくても，She was poor と she was honest が真であれば，発話全体の命題を真だと判断することができそうだとしている。この点で意味論的前提と慣習的推意が区別されると Grice は考えている。

　意味論的前提と慣習的推意は，これまで主に形式意味論的な手法で区別しようとする取り組みがなされてきた。慣習的推意を正面から取り上げた重要な論考である Potts（2005）も，かなりの紙幅を使って（Potts（2005: 32–36））この二つを区別しようとしている。その中で，比較的有力と考えられる（Grice が議論しなかった）区別の方法が，受け入れ（accommodation）という副次的な現象をもとにした基準である（受け入れについては，2.10 節で改めて取り上げる）。

　（35a）の but の発話の場合聞き手が（35b）で示した慣習的意味を，これらの発話に先立って認識している必要は全くない。話者は but が伝える推意を，その発話の時点で新しい情報として聞き手に自由に伝えることができる。これに対し，意味論的前提はそのように機能しない。このことは Strawson の（31）の定義からも明らかである。主命題である S の真偽の前提として（precondition of the truth-or-falsity of S），意味論的前提 S′ が機能するのであるから，前提は発話時点で聞き手が了解している内容でなければならない（Potts（2005: 33））。

　このことから，聞き手が発話時に了解していない前提を発話内容に含めると，聞き手があたかもその前提を承知していたかのように想定しないと，発話の内容を理解できないという事態になる。これ

を前提の受け入れ（presupposition accommodation）と呼ぶ。(36)
の例でこれを検証しておこう。

(36)　場面の説明：Hayley は，友達を家に呼んでよいか母親の
　　　Claire に確認している。友達のことを Hayley は him で
　　　指示する。
　　　Hayley:　(a)I'm having a friend over today.
　　　Claire:　Who?
　　　Hayley:　Uh, (b)you don't know him.
　　　Claire:　(c)Him. Him?

（04:20-, "Pilot," *Modern Family*, Season 1）

Hayley の (36b) の発話に含まれる him は，The king of France
と同じ，定名詞句表現である。そしてその前提は「話者と聞き手が
唯一的に特定できる男性が存在する」といった内容となる。これが
成立していない場合，Hayley の you don't know him という発話
の意味がわからないはずである。

　しかし，Hayley は，母親がこの前提，とりわけその友達が男性
であることを発話時点で了解していないことを承知の上で，友達を
him で指示している。母親がその前提を (36b) の発話時点で了解
していないことは，これに続く Clair の発話 (36c)「彼って，男性
なの？」(Him. Him?) からも明らかである。しかし，「連れてこ
うとしている友達が男性である」という前提を受け入れないと
Hayley の (36b) の発話が意味的に成立しない。

　Hayley は，このことを巧みに利用して，連れてくる予定である
友達が男の子であることをずる賢く母親に伝えているのである。母
親は Hayley の発話に潜む「友達が男の子である」という前提を了
解するしかない。このように，聞き手が了解していないはずの前提
を，発話の主命題を理解するために了解していたかのように受け止
めることが前提の受け入れである。

　娘の策略に気がついた Claire は (36c) で，直ちに him の意味

論的前提を確認している。前提は，慣習的推意と違い，発話の時点
で聞き手も了解していなければならないからである。

2.7.* 語用論的前提

前節の最後で議論した具体例 (36b) で，Hayley は，him という
定名詞句表現の意味論的前提である「指示対象が男性である」とい
う性質を利用して，連れてくる予定の友達が男性であることを自分
と母親の間ですでに了解されたことであるかのように振る舞ってい
るのであった。では，なぜこの場面で Hayley の友達が女の子であ
ると，視聴者や母親の Claire は考えるのだろうか。

Hayley は (36a) で，「今日友達を連れてくるね」(I'm having a
friend over today.) という先行発話によって友達を連れてくることは，
あらかじめ Claire に伝えている。Hayley が (36a) で使った a
friend という単語には，性別の辞書的・意味論的な指定がない。し
かし，普通中学生か高校生の娘が母親に a friend を家に連れてく
るといえば，それは同性の友達だと考えるだろう。男の友達を連れ
てくるのであれば，それは特別なこととしてはっきり母親に伝える
べきだろう。こうした推論から，(36a) の Hayley の発話から，視
聴者や Claire は友達が女の子であると考えるのである。

そして (36b) の発話時点で，友達が女の子であろうことが
Claire にとってある種の前提となっている。しかし，意味論的に
考えると Hayley の a friend は友達が女の子であることを意味して
いるわけではない。この点で a friend は，定名詞句表現の使用に
よって意味論的に特定の男性の唯一的存在を前提としている him
と性質が異なっている。

(36a) の a friend が，意味論的に女の子を意味していないこと
は，同じ状況で息子が母親に，I'm having a friend over today. と
発話した場合を想定するとより明らかだろう。この場合，a friend
が男の友達だという前提を母親がもつだろう。このように，意味論

的に前提とならなくても，発話のコンテクストで話者と聞き手が想定している共通の情報（命題）が，語用論的前提（pragmatic presupposition）である。語用論的前提は，Stalnaker (1974, 1978) によって提案された概念である。

(37) 　語用論的前提 (pragmatic presupposition)

A proposition is presupposed if the speaker is disposed to act as if he assumes or believes that the proposition is true, and as if he assumes or believes that his audience assumes or believes that it is true as well.

(Stalnaker (1978: 321))

内容説明：ある命題が（語用論的）前提となるのは，次のような場合である。(i) その命題が真であると発話者が仮定しているか，信じているように振る舞う。(ii) 聞き手もその命題が真であると仮定しているか，信じていると，発話者が仮定しているか，信じているように振る舞う。

(37) が Stalnaker による語用論的前提の特徴づけである。内容説明で，(i) と (ii) で分けて示したように，語用論的前提は，発話者側の条件 (i) と聞き手側の条件 (ii) とで成り立っている。どちらにも「その命題が真であると仮定しているか，信じているように振る舞う」(act as if he assumes or believes that it is true) という文言が含まれていて，この部分で問題としている命題が語用論的な前提であること（厳密に真でなくてもよいこと）が表現されている。

(37i) は，話者自身が当然視していることがある命題が語用論的前提となることの条件となることを規定している。(36) は Hayley が前提を悪用していて複雑なので，もう少し単純な例で考えてみよう。今，夫婦が外出しようとしているとしよう。外は雨である。夫が妻に「傘持った？」と発話したとする。この発話が自然聞こえるためには，まず夫自身が「今雨が降っている」という命題を仮定しているか，信じているように振る舞う必要がある。そうでなけれ

ば，傘は不要である。

　この命題が絶対的に真である必要はない。もし雨が降っていなかったとしても，夫がそう仮定しているか，信じていれば「傘持った？」という発話は自然に聞こえる。これが (i) の条件である。しかし，この発話が自然に聞こえるためには，話者が聞き手も同じ想定をしていると仮定しているか，信じている必要がある。このことを指定しているのが (ii) である。同じ場面で，妻は雨が降っていることを知らず，またそのことを夫も知っていたとしよう。すると「傘持った？」という発話がやや不自然に聞こえる。

　聞き手が，外は雨だと知らないのであるから，まず夫が妻に伝えるべきことは外で雨が降っていることである。このステップを踏まずに「傘持った？」と尋ねると，この発話は不自然であるか，妻に前提の受け入れを迫っているように聞こえる。しかし，この条件も絶対的なものではない（仮定しているか，信じていればよい）。

　妻は雨が降っていることを知らない。しかし夫は妻が当然外で雨が降っていると知っていると考えているとしよう。すると再び「傘持った？」は自然に聞こえる（夫は，妻に前提の受け入れを迫っているようには聞こえない）。妻は外で雨が降っていると知らないので，「え，雨なの？」と夫を質すかもしれない。夫は多分，「降ってるよ，知ってると思ってた」のように返答するだろう。この夫の「知ってると思ってた」という部分が (37ii) の条件である。発話者は，聞き手が（外で雨が降っているという）発話者が信じているのと同じ命題を信じていると仮定していれば，実際に聞き手がその命題を信じていなくても語用論的前提が成立し，「傘持った？」が自然な問いかけとなる。

　では，コメディからの語用論的前提の例をみていこう。

(38)　場面の説明：高校生の PJ が，面白い動画を作って，母親の Emily にみせている。Emily は，PJ に動画をおばあちゃんにもみせるように勧めている。

> Emily: PJ, (a)you are gonna have to put that online, so grandma can see it.
>
> PJ: (b)Grandma knows how to go online?
>
> Emily: PJ, (c)you're gonna have to put that on a DVD, so grandma can watch it.
>
> PJ: (d)Grandma got a DVD Player?
>
> Emily: Okay, PJ, you're just gonna have to go over to grandma's house. And act it out for her.
>
> (00:30-, "Charlie goes viral," *Good Luck Charlie*, Season 1)

(38a) で Emily は，「動画をインターネット上に公開しておばあちゃんがみられるようにしたらよい」(you are gonna have to put that online, so grandma can see it) と PJ に助言している。しかし，この発話はおばあちゃんがインターネットで動画をみる機材や知識を備えているということが語用論的な前提となっている ((38a) の特定の単語が，前提の引き金となっているわけではなく，発話の内容が語用論的前提を伝達している)。

PJ はこの前提が成立しない可能性を (38b) で指摘する。すると (38c) で，「動画を DVD に入れておばあちゃんがみられるようにしなさいよ」(you're gonna have to put that on a DVD, so grandma can watch it) と Emily は PJ に提案する。この発話は，おばあちゃんが DVD 再生機を所持していることを語用論的前提としていて，PJ はこちらの前提も (38d) で疑問視している。最終的に Emily は，PJ におばあちゃんのところへ行って，ビデオの内容を再現してみせてあげて，と会話を締めくくる。

この後の節で詳しく検討するように，語用論的前提は発話行為理論とその発展的な研究に大きな役割を果たしていくことになる。1 章で議論した Grice の意味論・語用論は，発話から伝わる文字通りの意味以上の意味に関心の中心がある。これに対し話行為理論は，発話が会話の中で「行うこと」に関心の中心がある。

　発話は，何も描かれていないキャンバスに絵を描いていくという行為ではなく，すでに何かが描かれたキャンバスに新たな形や色を付け加えていく作業だと考えることができる。「キャンバス上にすでに描かれていること」が，前提である。その前提が発話で使われている語彙要素に起因するのが意味論的前提で，発話がなされたコンテクストに起因するのが語用論的前提である。

　次の節では，語用論的前提の集合である共通基盤という概念を議論していくが，その前にコメディで用いられた語用論的前提をもう 1 例みておこう。

(39)　場面の説明： 様子がおかしい Bernadette を Penny が心配して話しかけている。Bernadette は，(子供を産んだばかりであるが) 再び妊娠していると Penny に打ち明ける。Bernadette は夫の Howard が，(Bernadette の妊娠を知れば) 呆然とするだろうと Penny に告げる。

Penny:　Is everything OK?

Bernadette:　Look, I'm going to tell you something, but you can't freak out, because I'm already freaking out.

Penny:　Oh my God, what is it?

Bernadette:　I'm pregnant again.

Penny (Loudly)：　Whaaaaaat … Interesting.

Bernadette:　(a)Howard's gonna lose his mind.

Penny:　(b)Wait, you haven't told him yet?

Bernadette:　[shaking her head] No.

Penny:　You told me first? Oh, Bernieeeee.

　　　　("The proposal proposal," *The Big Bang Theory*, Season 11)

Bernadette の発話 (39a)「(Bernadette の妊娠を知れば) Howard は呆然とするだろう」(Howard's gonna lose his mind.) という発話は，まだ Bernadette が Howard に妊娠の事実を伝えていないことを，語

118

用論的前提としている。[9]

　Penny はそのことにすぐに気が付いて (39b) で，Bernadette に
この前提を確認している。Bernadette の (39a) も，若干前提の受
け入れを Penny に迫っているニュアンスがあるかもしれない。前
提も，前提の受け入れも私たちが言語活動を行う上で，多用される
重要な道具立てなのである。

2.8.* 共通基盤

　前節で，語用論的前提を概ね話者と聞き手が正しいとみなしてい
る（話者がそう想定している）命題のことだと考えた。2.6 節で考えた
意味論的前提は，発話で使われた言語要素から想定される，話者と
聞き手が発話を自然に理解するための条件となる比較的限定された
命題のことである。これに対し，語用論的前提は，会話が円滑に進
むために必要な膨大な数の命題すべてになる。

　(38) の Emily の発話からもわかるように，私たちは発話をする
際に多くの知識（命題）を聞き手も共有していると想定している。
それらの多くが語用論的前提である。すると語用論的前提という概
念は，1 発話の自然な理解のための条件というにとどまらず，会話
の流れ全体の枠組みを与え，会話が進行するにつれて変化するもの
であることがわかる。先行発話の内容が後続発話の語用論的前提と
して機能していくからである。会話参加者の語用論的前提の集合は
共通基盤 (common ground) と呼ばれる。

(40) 　共通基盤 (common ground)
　　　a. Presuppositions are what is taken by the speaker to
　　　　 be the COMMON GROUND of the participants in the

---

[9] 未来を表す be going to ('s gonna) が，やや意味論的な前提の引き金とも
なっているかもしれない。

conversation. (Stalnaker (1978: 321))[10]

b. the *common ground*, which is a body of information that is presumed to be shared by the parties to a discourse (Stalnaker (2014: 2))

内容説明

a. （語用論的）前提は，発話者が会話参加者の共通基盤（common ground）であるとみなしていることである。

b. 共通基盤とは，会話参加者が共有していると想定される知識の総計である。

　(40a) で，（語用論的）前提と共通基盤が同じことを説明しようとしている概念であることが述べられている。特定の発話に注目して，それが自然に聞こえるための条件を考えるような場合は前提という概念が使われ，会話参加者全員が知っているとみなしていること，のようなとらえ方の場合は共通基盤という概念が使われる。(40b) の「会話参加者が共有していると想定される知識の総計」(a body of information that is presumed to be shared by the parties to a discourse) という共通基盤の特徴づけが，この点をよく表している。

　定冠詞 the は，(30) でみたような意味論的前提に加えて，語用論的な前提を表すことがある。不定冠詞 a/an と定冠詞 the をはじめて習うとき，初出の単数可算名詞に対しては a/an を使い，2回目からは the を使うようにいわれる。2回目からは，可算名詞で指示される対象が会話参加者の共通基盤にあるので，the によって会話参加者全員が指示対象を特定できるからである。

　共通基盤という概念を理解するには，不定冠詞と定冠詞の使い分けを観察するのが有効である。

---

[10] Stalnaker (1978) は脚注で，Grice が 1967 年に Harvard University において行った William James Lecture の中で，共通基盤の概念を導入していたことに触れている。

(41) 場面の説明: Veronica は, 母親 (Lianne Reynolds) の若かったころのことを知りたくて, Lianne と Lianne が当時付き合っていた男性 (Jake) が通っていた高校を訪れている。教師である Evelyn が写真をみせながら, 当時のことを Veronica に教えている。

Veronica: What about Lianne Reynolds? She's my mom ...

Evelyn: Oh my god! Of course. Look at you. I thought you looked familiar. You look just like her. How is she?

Veronica: [avoiding] I-I love this picture of her.

Evelyn: Oh. She was just gorgeous. And Jake. They were a beautiful couple.

Veronica: So they were (a)a couple?

Evelyn: No, they were (b)the couple. Very lovey-dovey.

(20:00-, "The girl next door," *Veronica Mars*, Season 1)

今, Veronica の母親 Lianne は家出をして行方不明になっている。現在の Lianne について尋ねられて, Vernica が, I-I love this picture of her. のように話題を逸らすのは, 現在の母親について Evelyn に話したくないからである。

Veronica は (41a) で 2 人 (Lianne と Jake) が a couple であったか尋ねている。これに対し, Evelyn は, (41b) で, a couple ではなく, the couple であると Veronica の 2 人の描写を訂正している。この訂正は共通基盤の概念でうまく理解することができる。

a couple と 2 人を記述した場合, 当時高校でたくさんいたであろう couple の中の 1 組であるという意味になる。a couple であるだけなら, 当時の高校生の間で, みんなが特定できるような特別な 2 人ということではなかった, ということになる。ところが, 2 人のことを the couple と記述した場合, この 2 人が高校生たちの間

でどの 2 人を指すかわかるくらいの特別な 2 人であったという意味になるだろう。Evelyn が，a couple を the couple でいい直した場合，この 2 人の組み合わせが，当時の高校生たちの共通基盤にあったということが表現されるのである。

　共通基盤はこのように，意味論・語用論で重要な役割をもつ。共通基盤と同じような概念は，他の研究者によっても様々な形で提案されてきた。Lewis (1969) の共通知識 (common knowledge)，Schiffer (1972) の相互知識 (mutual knowledge)，Searle (1975b: 60–61) のお互いに共有している背景知識 (mutually shared background information)，Bach and Harnish (1979) の共有認知信念 (mutual cognitive beliefs) などが共通基盤の類似概念である。

　(37) の語用論的前提の定義でみたように，共通基盤 (語用論的前提) は，発話者の，会話参加者が共有していると「見積もっている」内容なので，発話者が見積もりを間違えることもありうる。(42) がそのような例である。

(42)　場面の説明：Jimmy と Leonard は高校の同級生であった。Jimmy はよく悪ふざけで Leonard をいじめていた。そのことを恨んでいた Leonard は，Jimmy と再会した昨夜，思い切ってそのことを Jimmy に告げた。酔っていた Jimmy は，Leonard に真摯に謝罪した。その翌日の会話である。

　　　Leonard:　So, uh, listen, it was great to see you again. And, and, and (a)thanks for the apology.

　　　Jimmy:　(b)What apology?

　　　Leonard:　For all the crappy stuff you did to me in high school.

　　　(16:55–, "The Speckerman recurrence," *The Big Bang Theory*, Season 5)

Leonard は (42a) で昨夜 Jimmy が謝ってくれたことに礼をいっ

ている。the apology と定冠詞が使われているのは，Jimmy が昨夜 Leonard に謝罪したことが Leonard と Jimmy の共通基盤の中にあると Leonard が見積もっているためである。ところが，Jimmy は昨夜完全に酔っぱらっていて，そのことを覚えていない。Jimmy は the apology の the の意味が分からず（apology が 2 人の共通基盤に入っておらず）(42b) で What apology? と Leonard を問いただしている。共通基盤にある対象だけが the で指定できるが，Jimmy は特定の apology を想起できていない。Leonard の共通基盤の見積もりが間違っていたのである。the moon や the sun, the earth のような表現で多くの場合に定冠詞を伴うのは，月や太陽，そして地球がほぼ全人類という会話参加者の共通基盤にあって特定できるからである。

　共通基盤という考え方のもう一つの有用性として，会話参加者の組み合わせによって共通基盤が変化することを説明できることがある。読者の 1 人 1 人も，すべての他人 1 人 1 人と，それぞれ固有の共通基盤があることがわかるだろう。父親と共有している知識（共通基盤）は母親と共有している共通基盤とは違うだろう。小さいときに父親と 2 人で散歩して，その途中で生まれてはじめてみた虹の美しさは，その時にいなかった母親との共通基盤の中にはないかもしれない。

　中学校の修学旅行で見聞きしたことは，高校の友達とは共有していないだろう。友達も，1 人 1 人とそれぞれに固有の共通基盤（思い出，といってもいいかもしれない）があるだろう。クラスの友達とサークルの友達では共通基盤の重なりが少ないので，自分，クラスの友達，サークルの友達の 3 人で話をする時，はじめは話しづらいかもしれない。これも共通基盤という考え方でうまく理解することができる。

　このことを利用した映画の場面を検討しておこう。

(43)　場面の説明: Travis と Miley は幼馴染である。Miley は，

歌手として（歌手としての名前は Hannah である）大成功して
いるが，Travis の方は鶏小屋を作って卵を売る仕事を始
めるという。Miley は，そうした Travis の企てを低く評
価している。

Travis:　I rebuild the coop, I get to sell the eggs.

Miley:　It's a lot of rebuilding.

Travis:　Hey, you got to start somewhere, right? Life's a
　　　climb, but the view is great.

Miley:　That's all you want to do is sell eggs in Crowley
　　　Corners?

(44:40-, Hannah Montana: The Movie)

Travis 自身は，（たとえそれがささやかな試みでも）どこかから始めな
くてはならない（you got to start somewhere）と主張し，自分の企て
を誇りに思っている。そして，下線部のように「人生とは山登りの
よう（に大変）だけど，景色は素晴らしい」（Life's a climb, but the
view is great.）と続ける。歌手として大成功している Miley は，や
や見下し気味にそんなことがしたいの，という態度で対応する。

　その後，Miley は Travis から，努力したり人に優しくすること
の大切さなどを学ぶ。映画の最後で Miley は Hannah としてス
テージに立つ。Travis もそのコンサートに来ている。Miley は，
Travis から聞いたフレーズをそのまま観客に向けて話す。

(44)　Hannah:　I know you all came to hear Hannah, but ... if
　　　you don't mind, I've written y'all a song. It's kind of
　　　personal. It's about what I've learned over the last cou-
　　　ple weeks. Life's a climb, but the view is great.

(1:27:30-, Hannah Montana: The Movie)

　観客と Hannah / Miley の共通基盤に，(44) の下線部のフレーズ
はない。したがって (44) は，観客に対して人生はつらいことが連

続するが，それも楽しいのだ，といった普通のメタファー的なメッセージの意味だけをもつ。これに対し，Travis と Hannah／Miley の共通基盤には，このメッセージと，このメッセージははじめ Travis が Hannah／Miley に伝え，Hannah／Miley が理解を示さなかったという情報がある。このような共通基盤を前提に，Travis だけが Hannah／Miley から「このメッセージの意味がわかった，自分が間違っていた」といった推意が伝わるだろう。特別な推意が生まれるかどうかが共通基盤の違いに起因するところが，(43)–(44) の例のポイントである。

2.9.* 談話コンテクストの更新

　前節でみたように，語用論的前提は共通基盤として会話参加者が会話で使われた発話内容を理解する上で重要な手がかりを与えてくれる。Austin (1962) や，Searle (1969, 1975a, 1975b) のような発話行為理論の主流の考え方は，明示的にせよ非明示的にせよその後の研究で共通基盤という考え方（あるいはそれに類似した概念と結び付けて議論されていくようになっていく (Bach and Harnish (1979), Lewis (1979), Stalnaker (1974, 1978, 1999, 2014), Gazdar (1981), Krifka (2001), Portner (2007a, 2007b, 2009, 2018a, 2018b), Farkus and Bruce (2010), Murray (2014), AnderBois, Brasoveanu and Henderson (2015), Rett (2021) など)。

　2.1 節でみたように，Austin (1962) の発話行為理論の基本的な発想は「発話が世界を変更する」という言語観であった。上に示した一連の論考は，「世界」を「共通基盤」と読み替え，「発話が共通基盤を変更する」と考えている。この言語観を形式意味論的に追求している，Groenendijk and Stokhof (1991), Ginzburg (1996), Veltman (1996), Gunlogson (2001) らは「更新」(update) という用語を使って「変更」を表現する。電子ファイルやソフト，アプリなどを，前の機能や情報を保持しながら新しい情報を付け加えた

り，変更をすることを更新というが，これを共通基盤のような会話
参加者の共有情報にあてはめて「共通基盤の更新」というように表
現するのである。[11]

　この節では，共通基盤の更新という考え方を学んでいく。共通基
盤の更新は，発話行為理論や形式意味論，そしてポライトネス理論
の交錯点になっていて，切り口の異なる言語理論の重要な接点を提
供する。

(45)　| 発語内行為と共通基盤 (illocutionary force and the com-
　　　 mon ground) |
　　　 … the illocutionary force of an assertion is explained as
　　　 a proposal to change the common ground in a certain
　　　 way.　　　　　　　　　　　　　　　　(Stalnaker (2014: 39))
　　　 内容説明：主張という行為の発語内行為の力は，共通基
　　　 盤の変更の提案として説明することができる。

　(45) は共通基盤という概念の推進者である Stalnaker による，
発語内行為と共通基盤の関係の説明である。発話参加者が互いに正
しいとみなしている命題の集合である共通基盤を一定の形で変更を
提案することが，陳述という発語行為の力ということになる。

　たとえば，夫が妻に It's raining outside. と発話するとする。妻
はそのことを知らず，また夫のことを普通程度には信頼している妻
であれば，この命題が 2 人の共通基盤に組み込まれるだろう。こ
の場合新たな命題の追加が (45) の「共通基盤を一定の形で変更す
ることへの提案」(change the common ground in a certain way)
になる（以降，(45) の意味での「変更」を動的意味論・動的語用論の慣例
に従って「更新」と表現していくことにする）。

　あるいは夫と妻が It's raining outside. だと互いに思っていて，

---

[11] Heim (1982: 178) で，動的意味論・動的語用論の意味での更新 (update)
という表現が使われている。

この命題が 2 人の共通基盤にあるとしよう。窓を開けて外をよく
みた夫が雨が降っていないことに気が付き，妻に It's not raining
outside. と発話したとしよう。妻も窓の外をみてこれを確認し，
Right. のように同意したとしよう。すると夫の It's not raining
outside. という発話は，2 人の共通基盤から It's raining outside.
という命題を削除するという形で，共通基盤の更新を提案したこと
になる。

(12) で Searle が発語内行為を五つの範疇に下位区分したことを
みた。

(12) a. 描写（representatives）
b. 命令（directives）
c. 約束（commissives）
d. 表出（expressives）
e. 宣言（declarations）

共通基盤は，このうち主として描写にかかわる。命題的な内容の共
有で，「発話参加者が互いに当然視している命題の集合」である共通
基盤が更新されていくことになる。では，他の発語内行為「命令」
「約束」「表出」「宣言」はどのように考えたらよいだろうか。

ここでは，Portner（2007a, 2007b, 2009, 2018a, 2018b）の命令
の発語内行為に関する更新の一連の研究を紹介し，これを約束の発
語内行為による更新に応用して議論してみる。そしてコメディから
の例で，描写の発語内行為による共通基盤の効果をみた後，表出
（感情表出的表現）による更新を紹介する。

Portner は一連の研究で，共通基盤の考え方（発話者参加者がお互
いに当然視している事柄）に「遂行リスト」(to-do list) を付け加える
ように提案する。すると，会話参加者がお互いに当然視している内
容が共通基盤と遂行リストの二つに分類されることになる。このよ
うに，会話参加者がお互いに当然視している内容を類別して整理し
たものを Portner（2018a: 299）は，「構造的談話コンテクスト」

(structured discourse context) と呼ぶ。本書では，これを簡単に談話コンテクストと呼ぶことにしよう。

　これまでに紹介してきた談話コンテクストの内容は二つで，共通基盤と遂行リストということになる。続いて Portner の提唱する遂行リストを説明していこう。遂行リストは，Searle の (12b) の命令という発語内行為の更新を説明するために導入された考え方である。(12a) の陳述（描写）という発語行為は，談話コンテクスト内の共通基盤の更新の提案として理解することができるのであった。Portner は，これと並行する形で，命令という発語内行為が，聞き手のするべきことのリストである遂行リストに命令の発話内容を追加する旨の提案であると主張する。

　この考えによると，妻が夫に「傘を持っていきなさいよ」と告げ，夫もその提案を受け入れるなら「傘を持っていく」という行為が夫が将来行うことが当然視された情報として遂行リストに追加されることになる。命令が，聞き手が将来実行するべき行為の提案となると考えるわけである。[12]

　遂行リストの考えは直ちに，(12c) の約束という発語内行為にも拡張できるだろう。出かける際に夫が妻に「帰りにバナナを買ってくるね」と告げ，妻が夫のことを普通程度に信頼しているとしたら，2 人の遂行リストに「夫がバナナを買ってくる」という命題が加わるだろう。遂行リストには，会話参加者に当然視された「誰が何を遂行する」かが記載されていて，命令や約束はこの遂行リストの更新の提案であると理解することができるだろう。

　では続いて，談話コンテクストの更新が明瞭にみてとれる会話を

---

　[12] 疑問という発語内行為が，命令という発語行為の一部であるという考えを2.3 節で紹介した。Roberts (1996, 2012) や Portner (2018a: 298) は疑問という発語内行為が，命令とは別の「会話参加者が解決すべき問題の集合」(question set) を更新するとしている。「会話参加者が解決するべき問題の集合」は，共通基盤や遂行リストとともに談話コンテクストの構成素だと仮定されている。

コメディから紹介しよう。

(46) 場面の説明：Frasier は，同僚の Bulldog（というあだ名の
    人物）から人員整理の噂を聞き，自分の身分が心配で上司
    である Miller 氏の部屋に会いに来ている。部屋の壁には
    穴が開き，壁に掛けてあった絵が床に落ちている。Frasi-
    er が来る前に，Miller 氏と Bulldog の間で乱闘があった
    のである。

    Frasier: [looking at the hole] And he did that with your
             little trophy?

    Miller: No, he just chipped the paint with the trophy, I
             did that with his head!

    rasier: Ah. That's, ah, sort of why I'm here.

    Miller: Drink?

    Frasier: No. No thank you, <u>Mr. Miller</u>. Um, I know that
             Bulldog was up here, and he said some ... pretty re-
             grettable things to you.

                                    (7:20-, "Oops," *Frasier*, Season 1)

(46) で，自分の解雇を心配する Frasier は，上司である Miller 氏
を，下線部のように丁寧に Mr. Miller と呼びかけている。

　しかし，この後すぐに Miller 氏に電話がかかる。(47) が電話の
直後の Frasier と Miller 氏の会話である。

(47) Frasier: Bad news?

    Miller: Oh, you could say that. _(a)<u>I've just been fired.
             They decided the best way to cut the budget was to
             get rid of MY high salary.</u>

    Frasier: [struggles to hide his grin] Oh, _(b)<u>Ned</u>, I ... I'm
             so sorry. Then I guess this means that my job is still
             safe, then?

> Miller:　Yeah. I guess so.
>
> Frasier:　[expansively] Well, you know Ned ... I haven't been in the radio game that long. But, uh, I've been around long enough to know that people get fired. And when they do, they always seem to land on their feet.
>
> (20:05– "Oops," Frasier, Season 1)

(47a) で，Miller 氏は，予算の削減のために自分が解雇になったことを Frazier に告げる。Miller 氏は，「自分が解雇された」(I've just been fired.) という陳述の発語行為によって，その命題を Frasier と Miller 氏の共通基盤に追加するように提案しているのである。

　Frasier 氏もこの提案を受け入れたことが，直後に (47b) で Miller 氏を Ned と名前で呼んでいることでわかる。(46) では，2 人の共通基盤に Miller 氏が Frasier の上司であるという命題がある。このため，Frasier は Miller 氏を Mr. Miller と呼んでいる。しかし (47a) の Miller 氏の発話によって共通基盤が更新され，Miller 氏はもはや Frasier の上司ではなくなった。これによって Frasier は Miller 氏に対していわば対等になったので，この更新によって Frasier は Miller 氏を Ned と (47b) で呼んでいるのである。

　ここまでみてきたように，(12) の発語内行為のうち，「描写」「命令」「約束」の三つは共通基盤と遂行リストという談話コンテクストの更新の提案として理解することができるようになった。では，あとの「表出」や「宣言」についてはどう考えたらよいだろうか。2.5 節でみたように表出については，命題的な発語内行為としての表出と，単語レベルでの感情的表出表現の二つが下位区分としてある。

　命題的な発語行為としての表出については，談話コンテクストの更新という枠組みでの本格的な研究がない。Geurts (2019: 15) は表出を陳述／描写の一つで説明する可能性を示唆しているが，Krifika (2019: 87) はこれに異論を唱えている。感情表出的表現については，Grice の慣習的推意として議論されることがあることを 2.5.2 節で議論した。これに対し Potts and Kawahara (2004)，Potts (2007)，McCready (2014)，Portner et al. (2019)，Yamada (2019) などで，談話コンテクスト的な感情表出的な表現の分析が追及されている。たとえば Potts (2007) は，感情表出的次元 (expressive dimension) という，会話参加者同士の心理的距離の記録を（本書での）談話コンテクストに入れるという提案をしている。

感情表出的次元には，会話参加者の心理的社会的な距離が記録されていて，これに基づいて敬語のような感情表出的な表現の選択が行われると分析される。たとえば，学生と先生との間であれば，「常識的な上下的距離関係」のようなものが感情表出的次元にあり（上記の研究ではこれを数値化して表示する分析が提案されている），これに基づいて学生は先生に対して敬語を使うかもしれない。また教師の方でも学生の立場を尊重して，敬語で返すかもしれない。

しかし同じ学生が，友達や弟，妹に対して話をする場合，談話コンテクストが変わり，同時に感情表出的次元も変わって，別の話し方を選ぶだろう。Portner et al. (2019: 18) は，感情表出的次元のような非命題的な談話コンテクストの構成素と，共通基盤のような命題的な内容の整合性の調整 (alignment) を提案する。学生と先生との間の常識的な上下関係は命題的な内容で，これに基づいて敬語や話し方の選択といった非命題的な行為に翻訳（調整）されるのである。Frazier の (46) と (47b) の呼びかけの例も，「Miller 氏が Frasier の上司であるかどうか」という命題的な共通基盤が，Mr. Miller や Ned という呼びかけという非命題的な行為へと翻訳されているので，Portner et al. (2019) の提案する調整装置が働いているといえる。

最後の (12e) の宣言は，Austin (1962) が遂行文と分類した，発話者が発話をした時点で世界が変更されるような発語内行為のことなのであった。(2a) の Paul の you're both grounded という発

話で娘の Bridget と Kerry が外出禁止の状態に置かれる。宣言は，描写の発語内行為として説明することが可能かもしれない。

　描写は，発話によって共通基盤が更新される発語内行為であると考えた。しかし，話者が完全にコントロールできるのは，共通基盤の更新ではなく共通基盤の更新の提案までである (Clark (1992), Ginzburg (1996), Amaral, Roberts and Smith (2007), Murray (2010, 2014), AnderBois, Brasoveanu and Henderson (2015), Faller (2019))。夫が妻に対し It's raining outside. と発話する例で考えると，夫ができるのが，It's raining outside. という命題を自分と妻の共通基盤に付け加えるように提案するところまでということになる。

　妻はこの発話に対し，No, it isn't. と直ちに夫の提案を否定し，共通基盤の更新を拒否することができる。これに対し，Paul の you're both grounded の場合，Bridget や Kerry が No, we aren't. と父親の Paul に対抗することができない。外出禁止の宣言の権威は父親にあるので，Paul が you're both grounded で成し遂げようとしていることは，この命題の共通基盤への追加の提案ではなく，この命題の共通基盤への追加の遂行である。Paul は，娘たちの同意があろうがなかろうが外出禁止を宣言することで，外出禁止の命題を 3 人の共通基盤に追加することになる。

　(12e) の宣言については，談話コンテクストの更新という枠組みでの議論がまだほとんどなされていないが，少なくとも宣言という発語内行為の一部が，描写の特殊例として説明される可能性があると思われる。

2.10.* 前提の受け入れ

　前提の受け入れ (presupposition accommodation) については，2.6 節の意味論的前提で，Grice が慣習的推意と対比させて説明していたことや，2.7 節の語用論的前提でその例をみた。前提の受け入れはこれまであまり語用論で深く取り上げられることはなかった

が，ポライトネスや言葉の社会的な機能を考えるうえで重要な視点をもたらす。

前提の受け入れは Lewis (1979) が，明確に定義を与えている。

(48) 前提の受け入れ規則 (the rule of accommodation for presupposition)

If at time *t* something is said that requires presupposition *P* to be acceptable, and if *P* is not presupposed just before *t*, then—*ceteris paribus* and within certain limits—presupposition *P* comes into existence at *t*.

(Lewis (1979: 340))

内容説明：ある時点 t で発話がなされたとする。その発話の内容を受け入れるには，前提 P も受け入れる必要がある。そして t よりも前に P が (聞き手に) 前提とされていなければ，t の時点で前提 P が受け入れられることになる。

ある発話がなされたとする。聞き手がその内容を了解するには，発話時点 t で前提とされていない P を受け入れる必要がある場合がある。聞き手がこれを実行したとする。話者は P が前提とされているかのごとく発話をしたわけであるから，結果として本当は共通基盤に存在しないはずの P が，発話時点で話者と聞き手の共通基盤に存在するようになる。これが前提の受け入れの働き方である。

前提は，具体的に考えた方がわかりやすいので，さっそく具体例を検証していこう。

(49) 場面の説明：Abe はレストランの経営者で，ウェイターの Samuel に昇給を約束したものの，2 年間約束を果たしていない。Samuel は昇給がないと家賃が払えずアパートを追い出されてしまうという。レストランの常連客で警察官でもある Mike と Carl は，Samuel に Abe と話をつ

けるように励ましている。異変を察知した Abe が，客に
何かクレームをつけられたと勘違いしてやって来る。

Abe: What's the problem? Something wrong with your
<u>free food</u>?

Carl: Listen, Abe, I think you and Samuel need to talk,
you know? Create an open dialogue.

Abe: Is this in any way to be considered official police
business?

Carl: No, just helping out a friend.

(01:35-, "Samuel gets fired," *Mike and Molly*, Season 1)

Mike と Carl は警官なので，Abe はその意味でも警戒している
(Carl の忠告を正式な職務質問であるか確認している)。

　下線部分を含む発話で Abe は「提供している無料の食べ物に問
題がありましたか」(Something wrong with your free food?) と，やや
あわてて Carl と Mike に尋ねている。Carl と Mike はいつも通り
に食事をしながらウェイターの Samuel と話をしていただけなの
で，この発話時点 t 以前に「食べ物が無料で提供されている」とい
う情報 (free food から引き出せる命題 P) が発話参加者の共通基盤に
ない。しかし，Abe の発話内容を受け入れるには，P を発話時点 t
で受け入れるしかない。Carl と Mike がこの前提 P を受け入れれ
ば，これが前提の受け入れ (presupposition accommodation) で，
P が t の時点で会話参加者の共通基盤に組み入れられることにな
る。

　2.6 節で Grice が，leave off と but の意味的貢献の違いを前提
と慣習的推意の差として説明していたことを紹介した。前提の引き
金となる leave off (やめる) の場合，発話時点より前に主語の人物
が leave off の対象に関与していたことを聞き手が了解していなけ
れば発話が不自然となる。これに対し but の場合には，発話時点
で but によって連結される被接続節の意味内容の対比が聞き手に

わかっている必要がない。これが前提と慣習的推意の違いの核心で
あった。

(49) の free food の場合，この発話が自然となるには，明らか
に Carl と Mike が発話時点よりも前に「食べ物が無料で提供され
ている」という命題を了解していることが必要である。ということ
は (49) の free food は前提となっていて，発話の一見した不自然
さによって，Carl と Mike が前提の受け入れを迫られていること
を示している。

(50) も同様の，前提の受け入れを含む会話である。

(50)　場面の説明：Spencer と Teddy はともに高校生で，付き
　　　合い始めたばかりである。Spencer はフットボール部に
　　　所属している。この場面では Spencer が Teddy に金曜日
　　　の試合に自分 (Spencer) のフットボールシャツを着てきて
　　　くれないかと頼んでいる。

Spencer:　Okay, I was wondering if you would wear my
　　　　　football jersey on Friday. (a)It's sort of a tradition that
　　　　　the players' girlfriends wear their jerseys on game
　　　　　day.

Teddy:　(b)So that would make me your girlfriend?

Spencer:　Yeah.

Teddy:　Cool.

　　　　　(03:50–, "Charlie goes viral," *Good Luck Charlie*, Season 1)

(50a) で Spencer は Teddy に依頼の理由を，「試合の日に選手の
彼女が選手のフットボールシャツを着るのが伝統になっている」
(It's sort of a tradition that the players' girlfriends wear their jerseys on
game day.) と説明している。

　これに対し，Teddy が (50b) で直ちに「それって私があなたの
彼女だってこと？」(So that would make me your girlfriend?) と確認
している。このことから，Teddy is Spencer's girlfriend. という命

題が，(50a) の発話時点で 2 人の共通基盤になかったことがわかる。下線部 (50a) とこれに先行する発話で，Spencer は Teddy に対し，Teddy is Spencer's girlfriend. という前提を受け入れるように迫っているのである。

　上で示唆したように，前提の受け入れは推意と似ているところがある。陳述の発話から伝わる命題を y，前提の受け入れとなるような命題を x，発話から伝わる推意としての命題を z として，これらを時系列的に並べると (51) のようになる。

　(51)　(x)　　y　　(z)

前提 x と推意 z を（　）に入れているのは，これらを発話者が言語化せずに聞き手に伝えようとしていることを表現している。

　(51) のように前提と発話，そして推意を並べてみると，(受け入れられた) 前提と推意が発話の前後関係の差を除けば「直接言語化せずに話者が聞き手に伝えようとしている情報」という点で共通していることがわかる。(49) の例では，x が「食べ物が無料で提供されている」で，(50) の例では，x が Teddy is Spencer's girlfriend. ということになる。ではなぜ Abe も Spencer も x を言語化しなかったのであろうか。

　(50) の Abe の場合，もし提供している食べ物に不備があった場合，その発覚後に「食事代はいただきません」と告げると，言い訳がましく聞こえるかもしれない。そして言い訳をすることで Abe は若干きまり悪い思いをするだろう。そこで Abe は先手を打って，そもそも「食べ物が無料で提供されている」と Carl と Mike に伝えてしまえば，問題が発覚した後に自分が直面するであろうきまりの悪さを回避できる。

　(51) の Spencer の場合も同じことがいえる。Would you like to be my girlfriend? のように前提として伝える部分を言語化して Spencer が Teddy に確認したとしよう。Teddy が no と答えてしまった場合，もちろん Spencer は，面目を失うことになるだろう。

あるいは，I would like you to be my girlfriend. と Teddy に告げることでさえ，Spencer はやや恥ずかしい気持ちになるかもしれない。前提の受け入れとして Teddy is Spencer's girlfriend. を共通基盤に入れてしまうことで，こうした心理的負担やリスクが避けられるのである。

(51) で x とともに（　）に入れた推意 y にも同じような効果がある。量の格率違反意によって推意が生まれる例として 1.2 節で (7) の例をみた。Charlie が (7a) でちょっと落ち着いて聞いてくれれば事情を説明するから」(I'm gonna try if you'll calm down for a minute and listen.) と提案しているのに，Judith は (7b) で「聞いているわよ」(I'm listening.) とだけ答える。これによって Judith が，「自分は落ち着いていない」(I'm not calm.) を推意として伝えるのであった。

「自分は落ち着いていない」という発話は，自分の精神状態が普通ではないことを言語化しなければならず，Judith としては可能であれば避けたいであろう。そこで Judith は，量の格率違反をすることで推意 z を言語化することなく Charlie に伝えることに成功している。

2.3 節の (16) で間接発語行為について説明した ((16) を再掲している)。

(16)　A:　Let's go to the movies tonight.
　　　B:　I have to study for an exam. (I can't go to the movies tonight.)

「映画に行こうよ」(Let's go to the movies tonight.) という (16A) の誘いに対して，(16B) で，「試験勉強があるんだ」(I have to study for an exam.) という発話で間接的に「映画には行けない」(I can't go to the movies tonight.) を B は A に伝えるのであった。2.3 節では触れなかったが，間接発語行為は推意の一種である。(16B) は (16A) の誘いに対する直接の回答を含んでおらず，量の格率に違

反している。したがって,「試験勉強があるんだ」という部分は推意 (特殊化された会話の推意) とみることもできる。[13]

　では B はなぜ推意となるはずの部分 z を言語化しなかったのであろうか。「映画には行けない」という推意部分は,言語化すると直接 A の誘いを断ることになって A の気持ちを傷つけてしまいかねない。しかし,量の格率を違反することで誘いを断るという z の部分を A に伝えることができれば,B は A に対する心理的な負担を軽減しながら必要な情報を A に伝えることができる。

　(49) の Abe と (50) の Spencer が主に配慮しているのは,聞き手ではなく自分自身の心理的負担である。しかし前提の受け入れ x を用いて,(16) の推意のように聞き手に対して配慮することもある。お店の店員さんや,電話の相談窓口で応答する英語話者に,「どのようにお役にたてますか」(How can I help you?) と尋ねられることがある。この表現は「お役に立てますか」(Can I help you?) よりも丁寧に響く。これはどうしてであろうか?

　(32e) で,wh 疑問文が wh 句を除いた命題内容を意味論的に前提とすることをみた。たとえば,Why did you smoke? という疑問文は,you smoked を意味論的に前提としている。you smoked が,会話参加者の共通基盤になければ Why did you smoke? とは尋ねられないだろう。同じことが How can I help you? にあてはまる。How can I help you? には,I can help you. という命題が意味論的に前提とされている。

　普通お店の店員さんや電話の相談窓口の人に話しかける場合,話者はおそらく Can you help me? のように会話を始めようとするだろう。もちろん,店員さんや相談窓口の人は (それが仕事なので) 助けてくれるであろう。しかし,How can I help you? と I can help you. の部分を前提として (お客さんに受け入れてもらって) 発話をす

---

[13] 推意と間接発語行為は,同じ現象を別々の視点でとらえていると理解することができる。

ることで，店員さんや相談窓口の人はお客さんに Can you help me? と尋ねさせる負担を省くことができる。そしてこのお客さんへの負担の軽減によって，How can I help you? が丁寧に響くのである。

　このように前提の受け入れと推意とは，発話の前後の違いはあっても伝えたい内容を言語化することなしに聞き手と共有することができるという点で類似した語用論的仕組みである。そしてそのどちらもが，対人関係を意識して用いられることを確認した。続く第3章では，言葉による対人関係への配慮という話題（ポライトネス）を正面から取り上げていく。

第 3 章

ポライトネス理論

3.1. ポライトネスとは何か

Grice の語用論は，文字通りではない意味の探究に関心の焦点があり，発話行為理論の考え方の中心は，発話が世界のあり様を変更するという認識であった。これに対しポライトネス理論は，理性的で効率的な言葉の使い方からの逸脱に関心を寄せる。そして理性的で効率的な話し方をしないことがあったとすれば，その理由がポライトネスにあると考える。この節でははじめにポライトネスという概念が意味するところを理解し，その後代表的な三つのポライトネス理論を Grice の協調の原理との関係から整理して理解する。

3.1.1. ポライトネス

(1) ┌─────────────────────┐
    │ ポライトネス (politeness) │
    └─────────────────────┘
    The convergence is in the particular *divergence* from
    some highly rational maximally efficient mode of com-
    munication. We isolate a motive—politeness...

    (Brown and Levinson (1987: 55))[1]
    内容説明：歴史的な派生関係にない言語間や，地理的に
    離れた文化間に驚くべき共通性がある。その共通性とは，
    高度に理性的で最も効率のよいコミュニケーションから
    の明確な逸脱である。逸脱の動機として，ポライトネス
    が特定できる。

politeness という単語は，「丁寧さ」と訳すこともできるが，そ

---

[1] Brown and Levinson (1987) は，はじめ Brown and Levinson (1978) として（論文集に収録された 1 論文として）出版された。しかし，前者には，後者に含まれていない「再版への前書き」(Introduction to the reissue) が含まれていて，そこで重要な議論が展開されている。本書では Brown and Levinson (1987) に基づいて議論を展開していく。

のままポライトネス，とカタカナ表記するのが日本の言語学界の慣習なので，本書でもこれに従っておく。politeness1 という項目を説明する際に詳述するように，言語学・語用論でいうポライトネスは，一般用語としての「丁寧さ」と必ずしも重ならないことがその理由である。

(1) で Brown and Levinson (1987) は，言葉が違い，文化が違っても，私たちが言葉を使う際に必ずしも最大限に効率よく情報の伝達を行っているわけではないという観察をしている。この観察がポライトネス研究の出発点となる。話者はポライトネスに気をかけることで，情報伝達の観点からすれば効率のよくない発話をすることがある。情報伝達の効率性と人に対する気遣いが，言葉の使い方の上で反比例する様相を記述し分析するのがポライトネス理論である。

(2) の会話を例に，これを実感してみよう。

(2)　場面の説明：Charlie と Miss Pasternak は，レストランで食事をしている。2 人は最近付き合い始めた。Miss Pasternak は小学校の先生をしている。Charlie は，女性関係にだらしがなく，Miss Pasternak は，Charlie を更生させ，本来の力を発揮できるようにさせると宣言する。

Charlie:　Did you dress like a schoolteacher?

Miss Pasternak:　It doesn't matter. What matters is the same hand that delivered me ... from my life of degradation has brought me to you.

Charlie:　For what? More degradation?

Miss Pasternak:　No. To help you become a better man. To achieve your potential. (a)Now sit up straight and eat your fruit.

Charlie:　(b)All right.

Miss Pasternak:　(c)All right, what?

Charlie: (d)All right, Miss Pasternak.

(12:30–, "A bag full of jawea," *Two and a Half Men*, Season 2)

Charlie を更生させる手はじめてとして，(2a) のように「ちゃんと座って果物を食べなさい」(Now sit up straight and eat your fruit.) と Miss Pasternak は Charlie に命令する。すると Charlie は (2b) のようにただ，All right と答える。Miss Pasternak はこの答えに満足せず，(2c) で All right what? と聞き返している。Charlie は（しぶしぶ）Miss Pasternak を付けて，再度 (2d) のように All right, Miss Pasternak. と答える。Miss Pasternak は，Charlie のこの発話に満足する。

(2d) の下線部分を情報のやり取りの効率で考えると，Miss Pasternak は全く不要である。大人数で話していて，誰が誰に話しかけているのか曖昧な場合であればともかく，この場面で 2 人は 2 人きりのテーブルで食事をし，会話をしている。Charlie が話しかける相手は Miss Pasternak しかありえない。それでも，Charlie がただ All right ではなく，All right, Miss Pasternak. と発話することで，Charlie が Miss Pasternak にしかるべき敬意を払っていることが表現されている（Miss Pasternak が小学校の先生なので，瞬間的に Charlie と Miss Pasternak の間で，生徒対教師のような関係が仮想的に成立している）。

しかし純粋に情報伝達的な観点からみると，Miss Pasternak は不要である。これは Charlie が (2b) のようにただ All right と発話しても，(2d) のように All right, Miss Pasternak と発話しても，Miss Pasternak が理解するのは，Charlie が「ちゃんと座って果物を食べる」ことを了解したことだけである。したがって，Brown and Levinson が (1) で観察するように，発話者は，最大限の情報伝達効率という，一見すると理性的で合理的な言語行動を逸脱することがある。そして逸脱がある場合には，人間関係への配慮，すなわちポライトネスがその動機となっていることがわかる。この例の

場合には，Charlie の Miss Pasternak に対するしかるべき敬意の
表明が，逸脱の動機となっている。

3.1.2.* 三つのポライトネス理論

　ポライトネス理論は，Robin Lakoff（1973），Leech（1983），
Brown and Levinson（1987）の三つの研究が古典的とみなされて
いる。中でも Brown and Levinson の研究は他の二つに比べ整然
とした体系となっていて，かつ理論の仕組みが明示的なので，いろ
いろな意味でその後のポライトネス研究に大きな影響を与えてき
た。

　本書でも，これにならい，Brown and Levinson（1987）を中心
にポライトネスを議論していく。Brown and Levinson を基本に考
えることには，経験的な理由もある。ここでは，Brown and
Levinson の考え方を Robin Lakoff（1973）と Leech（1983）の考
え方と対比させながら考察していく。この三つの考え方は，各々が
Grice の協調の原理に対してどのような立場を取るかで区別され
る。Grice は，協調の原理を提案した論文でポライトネスに関し，
(3) のような観察をしている。

(3)　There are, of course, all sorts of other maxims (aesthet-
　　ic, social or moral in character), such as "Be polite,"
　　that are also normally observed by participants in talk
　　exchanges, and these may also generate nonconventional
　　implicatures.　　　　　　　(Grice (1975: 47 / 1989: 28))
　　内容説明：量，質，関係性，様態という四つの格率以外
　　にも，（美的，社会的，倫理的な性質の）他の格率ももち
　　ろんある。「ポライトを心がけよ」という格率もその一つ
　　で，普通は会話参加者が遵守している。そしてこれらの
　　格率も，非慣習的な推意（会話の推意）を生むかもしれな
　　い。

(3) で Grice は，ポライトネスという社会的な価値観に基づく言語行動も，協調の原理の下で働き，格率の違反によって推意を生むという可能性を示唆している。Brown and Levinson（1987）の研究は，基本的にこの Grice の考えを発展させたものである。

これに対し，Robin Lakoff（1973: 303）は，協調の原理が「聞き手に負担をかけるな」（Don't impose）というポライトネス規則の一部であると主張している。これは，Grice とはちょうど逆の，ポライトネスが協調の原理に優先される立場となるだろう。この考えによれば，ポライトネス自体は協調の原理の支配から外れ，いかなる発話もポライトであること（Don't impose）を違反しないと予測される。Grice と逆になるのである。

一方 Leech（1983: 37-39）は，協調の原理とポライトネスが，発話の中で別々の目的を持つと考える。この考え方によると，協調の原理とポライトネスが相互作用をみせず，独立に働くと予測するだろう。この三つのポライトネス理論の違いは，（4）のように表示し分けることができる。

(4) a. Brown and Levinson（1987）
       （協調の原理（ポライトネス））

    b. Robin Lakoff（1973）
       （ポライトネス（協調の原理））

    c. Leech（1983）
       協調の原理：ポライトネス

(4a) の Brown and Levinson では，協調の原理がポライトネスの理論の上位概念であるのに対し，(4b) の Robin Lakoff では，ポライトネスの理論が協調の原理に優先される上位概念となる（どちらがどちらに含まれるかで上下関係を表現している）。これらに対し，Leech の (4c) では，両者が対等の関係（：）になっている。Brown and Levinson（1987: 5）が指摘するように，ポライトネスの言語行動は協調の原理にしたがって推意を生むことがある。した

がって，Brown and Levinson の（そして Grice の）(4a) が，ポライトネス現象と協調の原理の関係をより正確に反映しているといえる。

(5) の会話を具体例にこれを確認してみよう。

> (5) 場面の説明：Gloria と Jay は夫婦で，この場面では息子 Luke（会話には登場しない）のバスケットボールの試合の応援に来ている。走るのが遅い選手たちにコーチは，皮肉として Could you run any slower? と声をかける。
>
> Coach: Come on, ladies! Move it! Goodness gracious! Turtles run faster! Come on! <u>Could you run any slower?</u> I dare you to run slower!
>
> Gloria: You see?
>
> Jay: He's just trying to light a fire.
>
> Gloria: Oh, I'll light him on fire.
>
> (03:50-, "Benched," *Modern Family*, Season 1)

(5) のコーチの発話，Could you run any slower? を詳細に検討してみよう。文字通りの意味は「もしかしたらもう少しゆっくり走ることができますでしょうか？」であるが，いうまでもなくこれは皮肉で，推意は「もっと早く走れ」となるだろう。発話の概念的な部分 run any slower が質の格率に違反しているので（コーチがバスケットボールの選手に遅く走ることを期待するとは考えられない）「もっと早く走れ」という推意が生まれている。[2]

しかしこの発話の概念的な部分だけではなく Could you の「丁寧さ」の部分も質，あるいは量の格率に違反していると考えられる。このことは，概念的な部分を推意にして「丁寧さ」をそのままに訳

---

[2] 発話内容ではなく，発話の丁寧さが質の格率を違反して推意が生まれるという現象は，Portner et al. (2019: Section 3)，Yamada (2019: 288) といった，動的意味論・動的語用論の研究で取り上げられている。

してもまだ不自然さ（格率の違反）が残っていると感じられることからわかる。「丁寧さ」をそのままに推意を言語化すると「どうかもっと早く走ってくださいませんか」となる。

　コーチが，試合中に選手にアドヴァイスするのであれば，恐らく裸の命令形が一番適切であろう（コーチと選手とでは，競技に関係する事柄である限り，コーチが「上」で選手が「下」と想定できるだろう）。ということは，間接的でしかも仮定法である Could you というポライトネスを示す言語行動も，発話の概念的な意味内容に加えて質，あるいは量の格率を違反しているとみることができる。丁寧さが，コーチの気持ちを表現していないと解釈すれば，質の違反と考えることができるだろうし，この場で Could you という表現が丁寧すぎると判断するのであれば，量の格率違反とみなせるだろう。

　コーチのポライトネス言語表現は，これ自体が皮肉であって，これを加味して (5) の下線部を訳すと，「もっと早く走れってんだ」（あまり適切な日本語がみつからないが，丁寧とは逆であろうとする言語態度）のようになるだろう。

　(5) のように，ポライトネスの言語行動自体が格率との関係から推意を生むということは，ポライトネスの言語行動が Grice や Brown and Levinson が考えたように協調の原理の内側で働くことを示している。[3] Robin Lakoff (1973) や Leech (1983) の枠組みで同じような効果が出るように理論の内部を調整することは可能だと思われるが，理論全体の方向性として Grice や Brown and Levinson の構想が無理なくポライトネスの言語現象を説明する潜在力を持っていると判断してよいだろう。[4]

---

　[3] 期待されたポライトネス表現からの「逸脱」が生むこのような意味を，Matsumoto (1988: 418, note 8) は，含み (implication) と呼んでいる。しかし Matsumoto (1989: 210) では，同じ概念を対話的推意 (interactional implicature) と呼び直している。ただし Matsumoto は，協調の原理による説明は否定している。

　[4] Gu (1990) は，現代中国語のポライトネス現象を記述し理論的な説明を試

3.2. ポジティブ・フェイスとポジティブ・ポライトネス

Brown and Levinson (1987) が，とりわけ協調の原理との整合性の点で Robin Lakoff (1973) や Leech (1983) のポライトネス理論よりも一貫性のある理論であることを確認したところで，その骨子を具体例を吟味しながら理解していこう。Brown and Levinson のポライトネス理論は，フェイスという概念がその基盤となっている。フェイスには，ポジティブ・フェイスとネガティブ・フェイスの2種類があり，これらはすべての言語話者が備えている要求・欲求であると仮定される。まずポジティブ・フェイスを先に理解し，その後でネガティブ・フェイスを考察していく。

(6) ┌─────────────────────────────┐
    │ ポジティブ・フェイス (positive face) │
    └─────────────────────────────┘
    the want of every member that his wants be desirable to
    at least some others   (Brown and Levinson (1987: 62))
    内容説明: 自分の願う事柄が，同じ言語コミュニティー
    に所属する他者にとって歓迎される事柄であってほしい
    という欲求

(6) が Brown and Levinson のポジティブ・フェイスの定義である。個々人には，自分がいいたいこと，やりたいことがある。そしてその実現がその個人が所属する言語コミュニティーで望ましいものであってほしいという願いがポジティブ・フェイスである。抽象的に議論していると分かりにくいが，具体的に考えるとすぐに合点が行く概念である。

たとえば，昨今承認欲求という言葉がよく使われる。人に受け入れられたい，褒められたい，認められたい，そういう誰しも程度の

───────────────

みている。Leech (1983) の枠組みを基本としながらも，ポライトネス現象が協調の原理にしたがう（上記 (4a) の形となる）としている (Gu (1990: 245–246))。

差こそあれ，持っているであろう欲求がポジティブ・フェイスである。そして私たちは言語活動を行う際に，聞き手のポジティブ・フェイスを侵害しなければならない発話をしなければならない場面に出くわすことがある。たとえば，誰かに交際を求められたとする。あなたは交際をする気がない。どうやって断るか。相手はあなた（同じ言語コミュニティーに属する他者の1人）に認められたい，好かれたい，近づきたいというポジティブ・フェイスを持っている。

「あなたと交際する気持ちはありません」とストレートに断ることももちろん可能だ。しかし大抵は，「今大学受験に専念したいから」とか「他に付き合っている人がいるから」とか（古臭い言い回しであるが）「お友達でいましょうよ」などといって断るだろう。この「交際の断り」のように，相手のフェイスを傷つける可能性のある行為を FTA（face threatening act）と呼ぶ。今の例の場合には，交際を断るという言語行為が，聞き手（交際を申し込んだ側）のポジティブ・フェイスを脅かす FTA となる。

今，普通はストレートに断ったりせずに，「今大学受験に専念したいから」「他に付き合っている人がいるから」「お友達でいましょうよ」といった遠回しの言い方で普通は断ると議論した。この「遠回しの言い方」というのが，（1）でみたポライトネスの「理性的で最も効率のよいコミュニケーションの形態からの明確な逸脱」ということになる。「遠回しな言い方」（その内容は順次詳述していく）は，情報伝達の観点から考えて非効率的な発話となる。そしてこの遠回しの言い方は，FTA を緩和することを意図した行為なので，RA（redressive action）と呼ばれる（redressive は過ちを救済する，といった意味である）。Brown and Levinson のポライトネス理論は，FTA の RA での相殺の研究であると大枠をまとめることができる。

フェイスにポジティブ，ネガティブの2種類があることに対応して RA にもポジティブ・フェイスを利用したポジティブ・ポライトネスとネガティブ・フェイスに配慮したネガティブ・ポライトネスの2種類がある（この2種類を紹介した後で，これらと対比される

オフ・レコードストラテジーを議論する）。この節では，ポジティブ・フェイスの侵害の可能性がある FTA を，ポジティブ・フェイスを利用した RA（つまりポジティブ・ポライトネス）で緩和する例を検討する。

　Brown and Levinson は（7）のようにポジティブ・ポライトネスを定義する。

　　(7)　ポジティブ・ポライトネス（positive politeness）
　　　　Positive politeness is redress directed to the addressee's positive face, his perennial desire that his wants (or the actions/acquisitions/values resulting from them) should be thought of as desirable. Redress consists in partially satisfying that desire by communicating that one's wants (or some of them) are in some respects similar to the addressee's wants.　　　(Brown and Levinson (1987: 101))
　　　　内容説明：ポジティブ・ポライトネスは聞き手のポジティブ・フェイスに向けられた RA である。ポジティブ・フェイスとは，聞き手が，自分の欲求（あるいはその欲求から起こる行動，獲得したものや価値）が望ましいものであってほしいという，聞き手が常に抱いている願いのことである。発話者の欲求がある点で聞き手の欲求と合致していることを伝えることで，聞き手のポジティブ・フェイスをある程度満たすことにポジティブ・ポライトネスの本質がある。

（7）の定義のはじめの部分の，「向けられた」（directed to）というのは，定義の後半で説明されている「発話者の欲求がある点で聞き手の欲求と合致していることを伝える」（communicating that one's wants (or some of them) are in some respects similar to the addressee's wants）と具体化されている。

　（8）が，ポジティブ・フェイスの侵害の可能性がある FTA を，

ポジティブ・ポライトネスの RA で緩和している例である。

(8) 場面の説明：Leslie と Tom は市役所の公園を管理する
課 (Parks and Recreation) で働く同僚で，Ann は他の課
から Leslie と Tom の補助役として派遣されている。こ
の場面では，Parks and Recreation の課が，市の図書館
ともめていることを Leslie が報告している。

Leslie:　News flash, we're screwed. We got a big prob-
lem with the library.

Tom:　Punk ass book jockeys.

Ann:　<u>Why do we hate the library?</u>

Leslie:　It's the worst group of people ever assembled in
history. They're mean, conniving, rude and well read,
which makes them very dangerous.

(02:35–, "Rod and Tammy," *Parks and Recreation*," Season 2)

(8) の会話で同じ課で働く Leslie と Tom は，（これまでの経緯から）
自分たちの課が図書館の職員と仲が悪いことを知っている。Ann
は，この課に補助的な職員として一時的に加わっているだけなの
で，どうして Parks and Recreation の課の人たちが図書館に悪意
を抱いているのかわからない。

　しかし，その理由を問いただすことは，聞き手が当然視してい
る，図書館の職員が性悪であるという認識に異議を唱えることにな
りかねない。これは Leslie の（そして Parks and Recreation 課の職員
たちの）ポジティブ・フェイスを脅かすことになる。相手の意見に
異議を唱えるという言語行為は，聞き手の価値観が話者の価値観と
違うことの表明である。そのような行為は，ポジティブ・フェイス
を脅かす FTA となる可能性を持っているのである。

　そこで Ann は，下線部のように，Why do we hate the library?
とやや不思議な質問をする。この発話の時点で Ann 自身は，他の
職員がなぜ図書館に悪意を抱いているのか知らないのであるから，

この疑問文の主語は we ではなく you であるべきだ。Ann は，まだ図書館の職員の性悪さを知らないのであるから，この段階で図書館の職員を憎んでいるということはありえない。

しかし，ここで you ではなく we を使うことで，Ann はすでに他の職員と同じ憎しみの気持ちを共有するつもりであることを暗に伝えることができる（we のこのような機能は，2.10 節でみた前提の受け入れ（accommodation）ということになる）。他の職員の憎しみの感情を共有することを当然視した発話なので，Ann の we という主語の選択は，他の職員のポジティブ・フェイスに訴えるポジティブ・ポライトネスであるといえる。(8) の Ann の発話は，聞き手に異議を唱えるというポジティブ・フェイスを脅かす可能性のある FTA を，聞き手との感情の共有というポジティブ・ポライトネスを利用して RA を行っている例ということになる。

ポライトネス理論では，聞き手のフェイスに対する FTA とそれに対応した RA が中心的に論じられる。(7) のポジティブ・ポライトネスの定義においても「ポジティブ・ポライトネスは聞き手のポジティブ・フェイスに向けられた RA である」(redress directed to the addressee's positive face) とそのことが明確に表現されている。しかしポライトネス理論の出発点である (1) は，「言葉の使用が最も効率的なコミュニケーションから逸脱する場合，その理由がポライトネスに求められる」という多様な言語間の一般化なのであった。

すると，原理的に話者が守ろうとしているフェイスが聞き手のフェイスに限られないことになる。話者自身が話者自身のフェイスを守るために，情報交換の点で最も効率的な言葉の使い方から逸脱する場合もあるだろう。[5] 本書では，発話者自身のフェイスに発話

---

[5] Brown and Levinson (1987: 67-68, note 14) では，感謝する (thank)，弁解する (excuse)，謝る (apologize) などが話者のフェイスを脅かす言語行為として挙げられている。しかしその直後に，話者がどのような RA を用いて FTA

者が配慮する事例も取り上げ，その問題を考えていく。[6] (9) がそのような例にあたる。

(9)　場面の説明：Penny と Leonard は，お互いを強く意識しながらも交際するまでには至っていない。特に Leonard は，Penny と交際したかった時期があったが，その時は Penny が乗り気ではなかった。この場面では，Penny が，(気難しい性格である) Sheldon (場面には登場しない) のクッションにペンキを付けてしまい，それを 2 人で拭き取ろうとしている。ペンキが落ちず，2 人は困っている。

Penny:　You think he'll notice?

Leonard:　There's a chance.

Penny:　Oh, what are we gonna do?

Leonard:　We? No, no, no, you had your chance to be we for, like, a year and a half now. Right now, you are you, and you are screwed.

(09:25-, "The cushion saturation," *The Big Bang Theory*, Season 2)

　下線部で Penny は，what are we gonna do? と Leonard に相談している。場面の説明からわかるように，クッションにペンキをつけてしまったのは Penny で，Sheldon からそのことで咎められるであろう人物は Penny である。Penny もそのことは当然わかっていながら，what am I gonna do? ではなく，what are we gonna do? と，we によって Penny だけではなく Leonard も指示するこ

を軽減するかを検討する際，話者のフェイスがその要因に入れられていない (Brown and Levinson (1987: 68))。

　[6] Lyu and Yuan (2023) は，発話者が発話者自身のフェイスに配慮して RA を行うことがあることを実験的に確認している。Yoon et al. (2020) や Terk-ourafi (2024) は，話者自身のフェイスへの配慮を勘案したポライトネスの説明モデルを提案している。

とで Leonard を共同責任者の立場に巻き込もうとしている。

　失敗の責任を認めるということは，自分の行為を他人に歓迎されたいという，（失敗した人物の）ポジティブ・フェイスを脅かす行為である。そしてその責任をあらかじめ Leonard と共有していることを前提とした発話をすることで，Penny は，自分のポジティブ・フェイスを守ろうとしている。we という代名詞を使うことで聞き手である Leonard との近さ，仲間意識を利用しているので，(9) もポジティブ・フェイスを脅かす FTA に対し，ポジティブ・ポライトネスを利用した RA の例となる。

　理論的な整合性を保証するためには，(7) のポジティブ・ポライトネスの定義の redress directed to the addressee's positive face の the addressee's positive face の部分を the interlocutors' positive face と変更して，配慮されるフェイスが聞き手だけではなく話者も含めた会話参加者となるように修正する必要がある（同じことが後でみるネガティブ・ポライトネスにも当てはまる）。

　(9) の会話では Leonard が Penny の画策にすぐに気が付き，「we を使って自分を巻き込む期間は，この 1 年半くらいあったけど，今はお前はお前，お気の毒様」(you had your chance to be we for, like, a year and a half now. Right now, you are you, and you are screwed.) と発話する。この例の場合，Penny は RA に失敗している。

　(8) では発話時点で発話命題の関与者ではない発話者 (Ann) を we の中に含みこみ，(9) では発話時点で発話命題の関与者ではない聞き手 (Leonard) を we の中に含みこんでいる。この点で両者は共通しているが，(8) が聞き手のフェイスに対する配慮であるのに対し，(9) が話者自身のフェイスに対する配慮になっている。(8) では，発話命題の責任を発話者が積極的に負う提案であるのに対し，(9) では発話命題の責任を逃れる（責任の一部を聞き手に被せる）提案となっている。

3.3. ネガティブ・フェイスとポジティブ・ポライトネス

3.2 節では，ポジティブ・フェイスを脅かす可能性がある FTA をポジティブ・フェイスに訴える RA で緩和するポジティブ・ポライトネスの例をみた。Brown and Levinson のポライトネス理論では，RA としてのポライトネスのポジティブ対ネガティブの対比が，FTA で脅かされる可能性があるフェイスとしてのポジティブ対ネガティブと対応関係にない。この部分は誤解を招きやすいので注意深く議論していく。

具体的には，前の節でみたようにポジティブ・フェイスを脅かす可能性がある FTA をポジティブ・ポライトネスの RA で軽減することがあるが，ネガティブ・フェイスを脅かす可能性がある FTA をポジティブ・フェイスへの配慮によって対応する場合もある。また，逆にポジティブ・フェイスを傷つける可能性がある FTA を，ネガティブ・ポライトネスの RA によって埋め合わせる場合もある。もちろんネガティブ・フェイスに関係する FTA を，ネガティブ・ポライトネスによって配慮する場合もある。

この節では，ネガティブ・フェイスを侵害する可能性がある FTA を，ポジティブ・ポライトネスの RA によって相殺する組み合わせを考察していく。3.4 節でポジティブ・フェイスとネガティブ・ポライトネスの組み合わせ，3.5 節でネガティブ・フェイスとネガティブ・ポライトネスの組み合わせを議論する。

Brown and Levinson (1987) は，ネガティブ・フェイスを (10) のように定義する。

(10) ネガティブ・フェイス (negative face)

the want of every 'competent adult member' that his action be unimpeded by others

(Brown and Levinson (1987: 62))

内容説明： 自分の行為が，他者に妨害されたくないとい

う欲求

ネガティブ・フェイスの核心は，自由を奪われたくないという恐らく人類に共通する欲求である。人に指示をされたり命令されると，多くの場合本能的に不快に感じる。同じことをするにしても，人に言われてする場合は，自分の意志でする場合に比べて楽しくなく動機付けも低くなるだろう。(10) の定義での 'competent adult member' と指定されているのは，幼い子供であれば（周りの大人たちの世話を必要とするので）まだネガティブ・フェイスへの意識が十分ではないという事実などを考慮していると思われる。

　ポライトネス理論は，ポジティブ・フェイスやネガティブ・フェイスといった「発話前にあらかじめ話者や聞き手に備わっている感受性」を説明の中で使うという点で，2.8 節でみた共通基盤や 2.9 節でみた談話コンテクストと発想が似ている。2.9 節の最後の部分で，Potts and Kawahara (2004)，Potts (2007)，McCready (2014)，Portner et al. (2019)，Yamada (2019) などが，談話コンテクスト的に感情表出的な表現の分析を追及していることを紹介した。

　これらの研究で問題とされる言語現象は，「です・ます」のような日本語の丁寧語や（フランス語の tu/vous やドイツ語の du/Sie のような）2 人称単数代名詞の使い分けなど語彙化された対人関係配慮の表現が中心である（感情表出的な表現，ということになる）。しかし考え方の土台が，談話コンテクストにすでにある対人関係の評価（ここにフェイスが関与することになる）にあるので，将来的には談話コンテクストの理論とポライトネス理論が有機的につながっていくと予測される。

　命令という行為は，典型的に聞き手のネガティブ・フェイスを脅かす FTA となる。命令に従えば，聞き手は自分の他者に妨害されたくないという欲求が直接侵害されるからである。これを，他人に受け入れられたいという話者のポジティブ・フェイスに訴えること

で緩和することができる。ポジティブ・ポライトネスの RA を，聞き手のネガティブ・フェイスの侵害という FTA に適用することになる。(11) がその具体例である。

(11)　場面の説明：Leonard は，北海の観測船で 4 カ月かけて行う実験に研究者として参加することになっている。Sheldon と Bernadette は Leonard の友人で，Penny は Leonard の恋人である（しかし Leonard との関係を進展させることに躊躇している）。みんな送り出しの会のようなものを開こうと提案しているが，Leonard は，大したことじゃない，といって会の開催に消極的である。みんなは，Leonard を説得して会を開こうとしている。

Leonard:　Anyway, you guys really don't need to make a big deal.

Sheldon:　Leonard, you're being selfish. (a)We need to give you a proper send-off so we'll have closure when you die at sea and crabs eat your face.

Penny:　Sheldon, (b)sweetie, shut up.

Bernadette:　You know, (c)one of the things that helped me get through Howard being in space for so long was getting married before he left.

Penny:　Bernadette, (d)sweetie, shut up.

(07:00–, "The bon voyage reaction" *The Big Bang Theory*, Season 6)

Sheldon が (11a) で，「Leonard が海で死んでカニがその顔を食べても，ちゃんと Leonard との関係に締めくくりをつけたと思えるように，ちゃんとしたお別れ会が必要だ」(We need to give you a proper send-off so we'll have closure when you die at sea and crabs eat your face.) と発話して，Leonard に会を開くことを納得させようとしている（Sheldon は，天才的な科学者であるが，気配りやその場の空気

を読めない人物として設定されている）。

　Leonard が (11a) の Sheldon の発話から，会を開くことに前向きになるとは考えられず，Penny が (11b) で Sheldon にこれ以上余計なことを言わせないよう，「黙っていて頂戴ね」(sweetie, shut up) とたしなめている。黙れ (shut up) は，直接的な命令文で，命令という発話形式とその内容は，Sheldon の自由を侵害されたくないというネガティブ・フェイスを脅かす明確な FTA となる。

　そこで Penny は shut up に先立って sweetie（いとしい人よ）という呼びかけ語を使い，Sheldon のネガティブ・フェイスへの脅威を軽減させようとしている。sweetie は，発話者の聞き手に対する愛情表現なので，sweetie で呼びかけられた聞き手は発話者から愛され受け入れられていることを知る。聞き手の，人から受け入れられたいという欲求に訴えた RA なので，これはポジティブ・ポライトネスの例で，Penny が守ろうとしているのは，Sheldon のネガティブ・フェイスである。

　その後 (11c) で Bernadette が「（夫である）Howard が（宇宙飛行士として）長い間宇宙にいることを我慢できた理由の一つは，出発前に結婚したことだ」(one of the things that helped me get through Howard being in space for so long was getting married before he left) と発話する。この発話の内容から，「Leonard も，北海への出発前に Penny と結婚したらどうか」という推意が生まれるだろう。Leonard との関係を一気に進めてしまいたくない Penny にとって，この助言はいらぬおせっかいである。

　そこで Penny は再び (11d) で「黙っていて頂戴ね」(sweetie, shut up) と Bernadette をたしなめている。Sheldon への発話 (11b) と同様，Penny の (11d) の発話の shut up の部分は，Bernadette の行動の自由を制限し，潜在的に Bernadette のネガティブ・フェイスを傷つける FTA である。そこで Penny は，shut up に先立って呼びかけ語 sweetie を用いて，Bernadette の人に受け入れられたいという欲求を利用するポジティブ・ポライトネスの RA を行っ

ているのである。(11a) は，Leonard に対して不適切な発話である
のに対し，(11c) は Penny に対して不適切（不都合）な発話である。
(11b) は，Penny の Leonard に対する思いやりの発話であるのに
対して，(11d) は Penny 自身の保身のための発話であるという対
比がおかしみを出している。

　このように，命令という潜在的に聞き手のネガティブ・フェイス
を侵害する可能性がある発話を，sweetie という話者の聞き手への
愛情を示すポジティブ・ポライトネスの RA で緩和することがで
きる。FTA がポジティブ・フェイスに関するのかネガティブ・フェ
イスに関するのかという問題と，その緩和としての RA がポジティ
ブ・ポライトネスかネガティブ・ポライトネスかという問題が独立
しているのである。

　(11) は，命令という典型的に聞き手のネガティブ・フェイスを
脅かす FTA に対し，ポジティブ・ポライトネスの RA を用いる方
策の例であった。ポジティブ・ポライトネスの RA によって緩和
することができるネガティブ・フェイスが，発話者自身のネガティ
ブ・フェイスであるという場合もある。(12) がそのような例であ
る。

(12)　場面の説明：Ross と Rachel は映画を観に行く約束をし
　　　ている（2 人はかつての恋人同士で今はお互いに友人として接し
　　　ている）。Ross には，Emily という恋人がいて，2 度と
　　　Rachel に会わないことを条件に交際を続けるという提案
　　　を受けている（Rachel はそのことを知らない）。Ross は，そ
　　　のことを話し合うために Emily からの電話を待っている。
　　　Rachel:　[entering] Hi! Are you ready? We're gonna be
　　　　late!
　　　Ross:　For what?
　　　Rachel:　For Stella! Remember? She's gettin' her grove
　　　back in like 20 minutes.

> Ross:　Yeah, I uh, totally forgot about that. <u>You mind if</u>
> 　　　　<u>I take a rain check?</u> I'm waiting for a call from Emily.
> Rachel:　Sure. I guess. Hey, I hear you don't have to go
> 　　　　to London. Yay!
> 　　(20:50–, "The one where Phoebe hates PBS," *Friends*, Season
> 　　5)

　事情を知らない Rachel は，約束通りに Ross と映画を観に行こうと Ross の家にやってくる。Ross は，恋人の Emily を失わないために 2 度と（元の恋人である）Rachel に会わないことにしなければならなくなっている（その約束をするために Emily からの電話を待っている）。Ross は，映画の約束について下線部のように「またいつかってことにしておいてくれないかな」(You mind if I take a rain check?) と不確定な約束をしてはぐらかしている。

　約束という行為は，発話者の未来の自由を制約する行為なので，発話者のネガティブ・フェイスを侵害する FTA となる。今の Ross の立場からは，Rachel と映画を観る確かな約束をすることが難しい。そこで，take a rain check（またの機会にする）という表現で確約を避けている。確約を避けることで Ross は自らのネガティブ・フェイスを守っていることになる。

　これを Rachel の側からみると，映画を観に行こうという提案自体は形式上 Ross に受け入れられていることになるので，下線部の提案は Rachel のポジティブ・フェイスに訴えるポジティブ・ポライトネスの RA として機能していることになる。発話者 Ross のネガティブ・フェイスに対する FTA を，聞き手 Rachel のポジティブ・フェイスに働きかける形で緩和しているのである。この例でもやはり，FTA で脅かされる可能性があるフェイスの種類と，RA として使われるポライトネスの種類が別になっていることがわかる。

3.4. ポジティブ・フェイスとネガティブ・ポライトネス

3.3 節では，ネガティブ・フェイスへの侵害の可能性をポジティブ・ポライトネスの RA によって回避する例を検討した。この節ではその逆の，ポジティブ・フェイスを侵害する FTA をネガティブ・ポライトネスによって相殺する組み合わせを考察していく。

ネガティブ・ポライトネスは (13) のように定義される。

(13) ネガティブ・ポライトネス (negative politeness)

Negative politeness is redressive action addressed to the addressee's negative face: his want to have his freedom of action unhindered and his attention unimpeded. It is the heart of respectful behavior, just as positive politeness is the kernel of 'familiar' and 'joking' behavior.

(Brown and Levinson (1987: 129))

内容説明：ネガティブ・ポライトネスは，聞き手のネガティブ・フェイスに向けられた RA である。ネガティブ・フェイスとは，行動の自由を制限されたり，関心を制約されたりされたくないという欲求のことである。ポジティブ・ポライトネスの核心が，「親し気で」「陽気な」行動であるのに対し，ネガティブ・ポライトネスの核心は，敬意のある行動となる。

ポジティブ・ポライトネスは会話参加者同士の親しさを利用した RA である。(8) の Ann の we も (9) の Penny の we もともに，会話参加者の一体感に訴えた RA であった。これとは逆の，会話参加者同士の距離を強調したのがネガティブ・ポライトネスである。(13) では，ポジティブ・ポライトネスが「親し気で」(familiar)「陽気な」(joking) と特徴づけられているのに対し，ネガティブ・ポライトネスは「敬意のある」(respectful) と特徴づけられている。

　日本語のように，敬語が言語の体系に組み込まれた言語を母語とする言語話者にとって，ネガティブ・ポライトネスはわかりやすい概念である。敬語を使うことそのことが，普通はネガティブ・ポライトネスとなる。敬語を使うことであらたまった感じを聞き手に感じさせることができ，これによって人間関係を円滑にすることができる。あらたまった感じというのが，(13) の「敬意のある」(respectful) 行動の一つとなる。[7]

　ネガティブ・ポライトネスを理解したところで，ポジティブ・フェイスの侵害の可能性がある FTA を，ネガティブ・ポライトネスによる RA で軽減する例をみていこう。

(14)　場面の説明：Joey は友人である Phoebe に車 (タクシー用の車である) を借りてラスベガスに来ている。Phoebe をはじめ Joey の友達は，飛行機でラスベガスに来ている。Joey は，帰りも Phoebe の車でニューヨークまで運転して帰らなければならない。Joey は，Pheobe に車で一緒に帰らないかと誘っている。

　　　Joey:　So I guess I'll just fly home with you guys, what time's your flight?

　　　Phoebe:　What about my cab?

　　　Joey:　I don't need that anymore.

　　　Phoebe:　No, Joey! You borrowed my cab; you have to drive it back.

　　　Joey:　I don't want to drive all the way back by myself, I get so lonely. [gets an idea] Oh, ooh! (a)How about you come with me?

---

　[7]　英語のネガティブ・ポライトネスは，日本語の敬語などに比べてずっと働き方が複雑である。しかし，敬語の発達していない英語のような言語でも，日本語のように敬語が発達した言語と同じように敬意を表現する手立てがある (Robin Lakoff (1972))。

Phoebe: (b)I don't know, it's such a long trip.

Joey: It'll be great! We, we could talk, and play games! Huh? This could be our chance to like renew our friendship.

(04:10-, "The one after Vegas," *Friends*, Season 6)

(14a) の Joey の誘い「一緒に来ない？」(How about you come with me?) に対し，Phoebe は (14b) で「わからないわ」(I don't know) と答えている。Phoebe の発話には省略部分があるので，これを補うと (15) のようになるだろう。

(15)　I don' know (whether I want to come with you).

(15) は，「(あなたと一緒に行きたいかどうか) 私にはわからないわ」となるだろう。英語では，この表現が多くの場合遠回しの誘いの断りになる。行かない (行きたくない) のであれば，I will not come with you と直接断るのが情報交換という観点から判断すれば一番効率がいいはずである。Phoebe はこの効率的な発話を避けて，遠回しに Joey の誘いを断っているのである。

(14a) で Joey は Phoebe を誘っている。Joey は，Phoebe が車で一緒に来てくれるという希望を持っている。Joey のポジティブ・フェイスは，この希望が Phoebe にとっても望ましいものであってほしいことを求めている。しかし Phoebe は，Joey と一緒に車でニューヨークまで戻りたくはない。しかし，このことを Joey に伝える行為は，Joey のポジティブ・フェイスを傷つける FTA となる。これを軽減するために Phoebe は (14b) の遠回しの表現を用いているのである。

(14b) で用いられているのは，ポジティブ・ポライトネスとネガティブ・ポライトネスのどちらであろうか。(14b) に対しては，より直接的な表現 (I will not come with you.) が想定できるのであった。ということは，Phoebe は，Joey に対し，距離を取る (広い意味で敬

意を示す）ことで Joey のポジティブ・フェイスを守ろうとしていることになる。

　そしてポジティブ・フェイスを直接侵害しないように距離を取っているのであるから，（14b）の Phoebe の RA がネガティブ・ポライトネスであるということになる。このように，聞き手の提案を断るという聞き手のポジティブ・フェイスを侵害する FTA を，遠回しの内容の発話というネガティブ・ポライトネスによって回避することはごく普通に行われる。分かりやすい例として，不採用通知の文面が挙げられる。

　何かに応募するということは，「自分が人に受け入れられたい」というポジティブ・フェイスの直接的な表現である。そして応募者を不採用にするということは，応募者のポジティブ・フェイスを正面から侵害することになる。そこで不採用を伝える側は「今回はご希望に沿えず申し訳ありません」のような形で不採用を知らせる。「ご希望に沿えず」と不採用を伝えながらも，丁寧にそしてやや間接的に表現することで不採用者のポジティブ・フェイスをネガティブ・ストラテジーによって軽減しようとしていると考えられる。

　ポジティブ・フェイスを守るために，ネガティブ・ポライトネスを RA として用いるという方策は，聞き手のポジティブ・フェイスだけではなく，話者のポジティブ・フェイスを守るためにも用いられる。

(16)　場面の説明：Wendy はアルバイト定員で，Dipper と Mabel はその店の店主の甥と姪である。Wendey は，椅子やパラソルを据え付けてくつろげるように（密かに）屋根を改造していて，これを Dipper と Mabel にみせている。

Wendy:　Alright, check it out!

Dipper and Mabel:　Woah!

Dipper:　Cool! Did you put all this stuff up here?

> Wendy: <u>I may or may not sneak up here during work, all the time, everyday.</u> [throws pine cone, it hits a target on a totem pole] Yes!
>
> Dipper: Cool!
>
> (00:40–, "The inconveniencing," *Gravity Falls*, Season 1)

(16) の発話で Wendy は，「いつも，毎日仕事時間中にこっそりここに登っているかもしれないし登っていないかもしれない」(I may or may not sneak up here during work, all the time, everyday.) と Dipper と Mabel に秘密を打ち明けている (Wendy が，Dipper と Mabel とより親しくなっていくきっかけの場面である)。椅子やパラソルなどを屋根にわざわざ据え付けているのであるから，Wendy がいつもここで仕事をさぼっていることは間違いないであろう。そして何より，Wendy 自身がそういう行為を自分が行っているのか否か十分に承知しているはずである。

したがって，Wendy は (16) の下線部を，(17) のようにより直接的に表現することもできたはずである。

(17) I sneak up here during work, all the time, everyday.

しかし (17) の発話内容は，仕事をいつもさぼっていることの告白である。仕事をさぼるという行為は，一般的に社会的には推奨されない行為である。自分がそういう行動を取っていると認める発話は，発話者である Wendy のポジティブ・フェイスを脅かすことになる。

そこで Wendy は，(17) に，不思議な助動詞表現「そうかもしれないしそうではないかもしれない」(may or may not) を付け加えて (16) の下線部のように発話している。may or may not という表現は，発話全体の命題が真でも偽でもありうるといっている。要するに，発話全体の命題 (Wendy がいつも仕事をさぼっていること) の真偽がわからないとしているのである。

　Wendy の (16) の発話は，自分が日常的に行っている社会的に望ましくない行動を認めるという自分のポジティブ・フェイスに対する FTA を，その真偽を曖昧にするという間接的で遠回りな手法を使って緩和しているのである。望ましくない行為の自白という行動を，間接的な表現で行っているので，RA がネガティブ・ポライトネスということになる。ポジティブ・ポライトネスの定義 (7) の場合と同様，ネガティブ・ポライトネスの配慮が話者のフェイスにも及ぶようにするためには，(13) の redressive action addressed to the addressee's negative face の最後の部分の the addressee's negative face を the interlocutors' negative face のように修正することが必要である。

3.5.　ネガティブ・フェイスとネガティブ・ポライトネス

　ではフェイスとポライトネスの最後の組み合わせである，ネガティブ・フェイスを侵害する可能性のある FTA を，ネガティブ・フェイスに配慮した RA によって緩和する形を考えていこう。言語使用者の，他者に妨害されたくないという欲求を否定しなければならない発話を，その言語使用者の独立の欲求に配慮しつつ行うことで，FTA を軽減するという組み合わせである。

　(18)　場面の説明：Penny と Leonard はアパートの向いの部屋に住む友人同士である。Penny の家に明日家具が届く予定であるが，Penny は留守にするので，Leonard にその受け取りを頼みに来ている。

　　　Penny:　Yeah, anyways, (a)I was wondering if you could help me out with something, I was....

　　　Leonard:　Yes.

　　　Penny:　Oh. Okay, great, (b)I'm having some furniture delivered tomorrow, and I may not be here, so....

(01:10–, "The big bran hypothesis," *The Big Bang Theory*, Season 1)

　(18b) のように，Penny は明日家具が届く予定になっているが家を空けているかもしれない，と Leonard に告げている。Penny はこの発話で Leonard に「あなたが代わりに家具を受け取ってくれないか」ということを推意で伝えている（量と関係性の格率の一見した違反がある）。(18b) のような（オフ・レコードと呼ばれる）ポライトネスの形は次の節で考えることにして，ここでは (18b) から，Penny が Leonard に頼みごとがあることだけを理解しておこう。

　Penny は Leonard に対して頼みごとがあるが，頼みごとは普通聞き手の行動の自由を制約する。聞き手は話し手の依頼を遂行するために，自分の自由に使えるはずの時間を放棄しなければならないからである。そこで Penny は，頼みごとがあることを (18a) のように表現する。(18a) を直訳すると「あることで私のことを助けてくれることが可能であろうかと考えていた」(I was wondering if you could help me out with something) となる。

　日本語で (18a) の主旨を自然に表現すると「ちょっと頼みごとがあるのですが」といった感じになるが，(18a) は，様々な形で Leonard から距離を取って Leonard のネガティブ・フェイスに配慮している。まず，「頼みごとがある」(you could help me) の部分が，wondering if の従属節に入れられて，直接は Leonard に問いただす形式になっていない。次に，お願いの内容も明示せずに something と表現することで，Leonard のネガティブ・フェイスに配慮していることがうかがえる。また主節の時制は本来現在形 (am wondering) であるべきだ。まさにこの場面で Penny は，Leonard に頼みごとを持ちかけているからである。

　しかし Penny があえて過去形の was wondering とそのことを時間的に隔てて表現することで（一種のメタファーとして表現することで）Leonard への心理的負担を軽減しようとしている。このように，

Penny の（18a）の発話は，間接節の使用，具体的内容の回避，過去形の使用という三つの方策を用いて，Leonard のネガティブ・フェイスに配慮したネガティブ・ポライトネスとなっている。このように Penny は Leonard のフェイスに大いに配慮しているが，Penny に気がある Leonard は，（18b）で Penny が頼みごとの内容を説明するよりも先に Yes と答えてしまっているところに面白味がある。

　（18）は，聞き手のネガティブ・フェイスへの FTA の可能性を聞き手のネガティブ・フェイスへの配慮によって緩和するネガティブ・ポライトネスの例であった。（19）は話者自身のネガティブ・フェイスに配慮するネガティブ・ポライトネスの RA の例である。

（19）　場面の説明：DJ と Stephanie は父親を怒らせるようなことをしてしまったが，叔父の Jesse に罪をかぶってもらって助かった。そのことで 2 人が Jesse に謝りに来ている。2 人は Jesse が罪をかぶろうとしていたことに気がついていないのであった。

　　　DJ:　We just wanted to say thanks for trying to keep us out of trouble. The only reason we took advantage of you is because you had no idea what you were doing.

　　　Stephanie:　(a)From now on we will be good and do whatever you say.

　　　DJ:　Steph, (b)don't get crazy. (to Jesse) (c)We'll try to do better.

　　　Stephanie:　You can cover up my bunnies if you want.

　　　Jesse:　That's alright. Your bunnies are starting to grow on me.

　　　　　　　（20:30-, "Our very first night," *Full House*, Season 1）

　（19a）で Stephanie が，「これからは良い子になるし，なんでもいうことを聞くから」(From now on we will be good and do whatever

you say.) と Jesse に約束する。しかし姉である DJ は，この約束が
Stephanie と DJ の将来の言動を激しく制限してしまうことを懸念
して，(19b) で「馬鹿なこといわないの」(don't get crazy) と
Stephanie をたしなめる。

　続いて DJ は (19c) で「これからはもう少し努力するから」
(We'll try to do better.) と言い直す。(19c) の DJ の発話は，二つの
点で間接的である。一つは will do ではなく，will try to と try to
を約束の内容に付けくわえることで将来の自分たちの行動の自由を
確保しようとしている。自分たちのネガティブ・フェイスへの配慮
である。

　同じように，do well ではなく，do better と比較表現にするこ
とで，「理想的ではなくても少なくとも今よりはよく」といういい
方で，行動の自由の幅を広げようとしている。謝罪したり，相手の
許しを求めるような場合，(できるわけがないような) 多少大げさな表
現をして大きな効果を得ようとすることがあるだろう。しかし DJ
は，そうした表現による自分たちのネガティブ・フェイスへの
FTA を考慮して，ネガティブ・ポライトネスによる RA を行って
いるとみることができる。

　もちろん，DJ の (19c) を「現実的な約束」としてフェイスに頼
らず意味論的に考えることも可能だ。しかし，こうした場面で
(19a) の Stephanie のような大げさ表現が使われることが稀ではな
いので，(19c) を RA と分析する可能性があるだろう。その場合，
1.10 節で議論した発話の責務の考え方が有効となる。仮に責務を
負う (発話内容を当然視して振る舞う) だけであったとしても，行動の
自由の幅を確保しておきたいというのが，DJ が Stephanie の (19a)
を (19c) で言い直した理由となるのである。

　ネガティブ・ポライトネスの概念の核心は「人との距離」である。
敬語が発達している日本語のような言語の場合，とりあえず敬語を
使うことで人との距離を取って，ネガティブ・フェイスへの配慮を
言語的に表現することができる。英語のように敬語が独立した語彙

や形態素として発達していない言語の場合，(18a) のような表現の間接性や，(19c) のように命題内容に訴えるなどの工夫が必要となる (Robin Lakoff (1972) がこのテーマでの先駆的研究である)。

　次に，ネガティブ・ポライトネスとしての RA の要件を一見満たしていながら，丁寧というよりは攻撃的なニュアンスとなるような例を検討していこう。

(20)　場面の説明：Bernadette も Amy もアニメやコミックの世界に理解がない女性である。しかし2人の恋人がどちらもアニメやコミックが好きであることから，何とかその世界を理解しようとコミック・ストアにやってきている。Stuart は2人の知り合いであるとともに，コミック・ストアの店主である。2人が (会話には登場しない Penny とともに) 入店すると，お客の男性たち全員が3人をじろじろとみつめる。

Bernadette:　Why are they staring?

Amy:　Who cares? Just soak it in. Hello, boys.

Stuart:　Oh, hey. [to the other customers] <u>Could you please stop staring?</u> They're just girls. It's nothing you haven't seen in movies or in drawings.

(06:00–, "The Bakersfield expedition," *The Big Bang Theory*, Season 6)

(20) の下線部分で Stuart は，「お願いだからどうかじろじろとみるのはやめてくれませんか？」(Could you please stop staring?) と一見丁寧にお客たちにお願いしている。

　しかし，3人の女性たちを遠慮なく見るお客たちはどうみても失礼で，それを咎める Stuart の発話が丁寧というよりは，丁寧さを装ったとげのあるニュアンスを生んでいる。この発話によって Stuart は，お客たちに「じろじろとみるのをやめる」(stop staring) ことを要求している。これはお客たちの自由を制約するので，聞き

手のネガティブ・フェイスを侵害する可能性のある FTA である。

　そしてこれを直接的に Stop staring という代わりに，疑問文の形で提示することで，Stuart はネガティブ・ポライトネスによって RA の行為をしていることになる。間接的な表現によってお客たちのネガティブ・フェイスに配慮しているからである。さらに Stuart は，現在形の Can ではなく，(仮定法過去形の) Could を使い，自分の依頼を仮想のものとすることでも，お客たちから距離を取っている。加えて丁寧さを表す依頼表現である please の使用も，Stuart の発話が一見ネガティブ・ポライトネスに訴えた表現であることを示している。

　しかし，(20) の Stuart の発話は攻撃的で侮辱的な響きがある。日本語でいう慇懃無礼，あるいは皮肉のニュアンスがある。これはどのように説明することができるだろうか。どのように (20) の皮肉的な意味合いが生まれているのか直ちに説明できるような語用論理論は，筆者の知る限りない (現象自体は，よく知られている)。

　以下では簡単に，その説明の可能性を探っておきたい。まず，(20) の発話が皮肉に聞こえる，ということは (20) の発話内容のどこかに質の格率違反が含まれているはずである (1.3 節の議論を参照のこと)。しかし，(20) の発話で Stuart が成し遂げようとしている，お客が 3 人の女性をじろじろとみるのをやめさせるという命題的な内容 (あるいは命題の遂行の内容) については質の違反がない。Stuart は，本当にお客に 3 人をじろじろとみるのをやめさせようとしている。

　質の格率違反は，Could you please という固定化された丁寧な依頼表現の丁寧さの部分であると感じられる。このことは日本語の敬語の特殊な使い方を想起すると理解しやすい。子供の頃，友達と普段は「です・ます」調を使わず親し気に話しているのに，けんかになったとたんに「そんなこといっていません，あなたが勝手にそう思っているだけなんです」のように「です・ます」調で話すことがある。この場合，私たちは本当に丁寧になろうとしているという

よりも，普通は丁寧さを表現する丁寧語を，質の格率を違反させることでその逆の攻撃的な響きにさせている。

　丁寧語の場合，丁寧語自体に丁寧さが備わっているが，Could you please の場合も，この組み合わせで依頼の意味として使う場合に，丁寧さが半ば表現の中にコード化されている。[8]　この部分が質の格率に違反して，「丁寧さ」が皮肉として逆転されて侮蔑的な響きをもつと考えられる（同じ説明が (5) のコーチの発話，Could you run any slower? にもそのまま当てはまる）。

　この説明が成立するには，少なくとも二つの点で重要な理論的仮定が必要である。一つ目は，格率の遵守が検証される what is said の中身に命題や発語内行為とは独立に，丁寧さのような非命題的な内容や表現を認める必要がある (Haverkete (1990: 104)，Iida (2020: 22) は，発話行為理論の誠実性をその対象として提案している)。二つ目は，ポライトネスの中身を非命題的な内容にまで拡張して（あるいはポライトネスを非命題的な内容として扱って）理論化する必要がある。(そもそもポライトネスの内容とは何であるかについて，語用論で広く受け入れらえているような標準的な考え方が存在しない。Haugh (2015: Chapter 4) で，様々な考え方が簡潔に紹介されている。)

　したがって，上で提案した説明には，まだまだつめていく必要がある詳細が残されている。それでも，3.1.2 節でも主張したように，ポライトネスの現象が Grice の協調の原理の下で働くと考える方向性が有望であると考えられる。

3.6.　オフレコード・ストラテジー

　前節までに，FTA を緩和する RA として，フェイス侵害が予期

---

[8] Terkourafi (2001, 2005a, 2005b, 2008, 2009, 2012) は一連の研究の中で，Could you please のような表現が一般化された会話の推意として丁寧さを伝えると分析している。

される会話参加者のポジティブ・フェイスに訴えるポジティブ・ポライトネスと，ネガティブ・フェイスに配慮するネガティブ・ポライトネスをみた。これらのポライトネスの場合，発話者が聞き手に対して遂行しようとしている行為自体が，言語化されている。

たとえば，ポジティブ・ポライトネスのはじめの例 (8) で，Ann は Why do we hate the library? と発話している。この発話には，we hate the library という発話の結果 Ann が得ようとしている状態が明確に言語化されている。また，ネガティブ・ポライトネスのはじめの例 (14) で，Joey と一緒に車でニューヨークまで戻りたくはない Phoebe の返答の省略部分を再現すると，(15) の I don' know (whether I want to come with you). となるのであった。この文には，want to come with you の部分に Phoebe が望まない行動が言語化されている。[9]

このように，FTA となる行為そのものが言語化され，これをポジティブ・ポライトネスやネガティブ・ポライトネスを RA として使って FTA を相殺する方策をオンレコード (on record) のストラテジーと呼ぶ。これに対し，(18b) の Penny は，「明日家具が届く予定なんだけど，留守にするかもしれないから」(I'm having some furniture delivered tomorrow, and I may not be here) と発話して，「あなたが代わりに家具を受け取ってくれないか」を推意として伝えているのであった。(18b) の Penny の発話の場合，Penny が成し遂げたい，Leonard が Penny の代わりに家具を受け取るという部分が言語化されていない。

「あなたが代わりに家具を受け取ってくれないか」という依頼の推意は，いうまでもなく Leonard のネガティブ・フェイスを侵害する可能性のある FTA である。この部分を言語化せずに推意として伝え，I'm having some furniture delivered tomorrow, and I

---

[9] (15) の whether I want to come with you は統語論的な省略で，語用論的な推意と区別して考えている。

may not be here だけを言語化し，そのことによって FTA の侵害を避ける方策をオフレコード (off record) のストラテジーと呼ぶ。[10]

　この三つが Brown and Levinson（1987）が提案する主なポライトネス・ストラテジーで，その関係は（21）のようにまとめられる（この後「あからさまなオンレコード」(bald on-record) を（21）に追加する）。

　（21）　ポライトネス・ストラテジー

$$\text{RA} + \begin{cases} \text{オンレコード・ストラテジー} \\ \text{RA} \begin{cases} \text{ポジティブ・ポライトネス} \\ \text{ネガティブ・ポライトネス} \end{cases} \\ \text{オフレコード・ストラテジー} \end{cases}$$

この節では，オフレコード・ストラテジーについて考察していく。3.6.1 節では，まずそのような，オフレコードが丁寧さのために用いられる仕組みと例を検討する。そして 3.6.2 節で，オフレコードが必ずしもポライトと受け取られない例とその理由を考えていく。

　議論を進める前に，用語の整理をしておく。Brown and Levinson は，ポジティブ・ポライトネスとネガティブ・ポライトネスをまとめて RA(redressive action) と呼んでいる。しかし，以下の議論では，オフレコード・ストラテジーをこれらに加えてまとめて扱うと便利なことが多い。そこで Brown and Levinson の RA と区別するため，オフレコード・ストラテジーと RA をまとめたものを RA+ と表記していく。RA がポジティブ・ポライトネスとネガティブ・ポライトネスで，RA+ はこれらにオフレコード・ストラテジーを加えたものとなる。

---

[10] オフレコード・ストラテジーは，2.3 節でみた間接発語行為の一種ということになる。

3.6.1. 丁寧になるオフレコード・ストラテジー

Brown and Levinson はオフレコードによるストラテジーを (22) のように特徴づける。

(22) オフレコード (off record)

... if an actor goes off record in doing A (an act), then there is more than one unambiguously attributable intention so that the actor cannot be held to have committed himself to one particular intent.

(Brown and Levinson (1987: 69))

内容説明：話者がオフレコードによって，ある行為を成し遂げようとする場合，発話の文字通りの内容から推論される話者の意図が一つに絞り込めないので，話者は特定の意図の伝達に直接責務を負わなくて済むことになる。

(22) が記述しているのは，次のようなことである。ある伝達内容 B を，B を言語化せずその代わり A を言語化することで聞き手に伝えるとする。すると言語化されているのが A で，A から推論される話者の意図が B でもありえるし C でもありえるし D でもありえる。話者が聞き手に伝えようとしている内容である B と言語化されている A が言語の慣習として結びついているわけではないので，聞き手は話者の意図を B ではなく，C や D と解釈する余地が残る。

　すると発話者が，直接 B の内容に責任を持たずに B を伝えることができる。そして B が潜在的に FTA となるような内容であれば，A と発話することで話者は B が潜在的にもつ FTA を回避することができるのである。具体例で考えてみよう。

(23) 場面の説明：仕事の面接で飛行機に乗らなければならない Ted が，友人とともに時間ギリギリに搭乗口にやってくる。搭乗口の係員 (Gate Agent) が，今ちょうどドアを

閉めたところである。

Ted:　Hi, wait, two more.

Gate Agent:　Sorry, you're too late, <u>I already shut the doors.</u>

Ted:　Well, I'm sure if we pull real hard we can open them.

Gate Agent:　Hmm, I wish it worked like that, but see, once I close those doors, that's it. Nobody else is allowed down that jetway.

(00:50–, "Lucky penny," *How I Met Your Mother*, Season 2)

　Ted 達が，もう一度ドアを開けて自分たちを搭乗させるように頼んでいるのに対して，係員は (23) の下線部で「もうドアを閉めました」(I already shut the doors.) と応じている。これが発話 A となる。係員がドアを閉めたことは Ted 達もみて知っているので，この発話で係員が Ted 達に伝えたい内容は「あなたたちはもう搭乗できない」となり，こちらが推意 B である。

　「あなたたちはもう搭乗できない」という B の推意の内容は，Ted 達の（飛行機に乗るという）行動の自由を制限する内容なので，ネガティブ・フェイスを侵害する可能性がある FTA となる。そこでこの B の内容を A の発話によって伝えることで FTA を軽減しているのである。A の発話からは，（可能性が低いことではあるが）but I will make an exception and open the doors again for you のような推意 C を引き出すことも可能である。しかし，係員は B と C のどちらの推意にも 100 パーセントの責任を負わないので，FTA を引き起こす行動を取っていないと解釈され，FTA が軽減されることになるのである。

3.6.2.* 丁寧にならないオフレコード・ストラテジー

　オンレコード・ストラテジーに関して，それが RA/RA+ とし

て機能し，ストラテジーの使用によってより発話がポライトに受け取られるという観察は広く受け入れられている。これに対し，オフレコード・ストラテジーが必ずしもポライトとは受け取られないという実験的な研究がある。

(24)　| 丁寧にならないオフレコード |

This dispreference for indirect speech suggests that politeness theory, while accounting for the use of negative politeness in conversation, fails to account for the use of off-record indirect speech.

(Lee and Pinker (2010: 789), 他に Pinker (2007: 442), Terkurafi (2011: 2862) も参照のこと)

内容説明：FTA を軽減する手段としてオフレコードによる間接的な発話があまり選ばれないという実験結果が出た。この結果は，ポライトネス理論がネガティブ・ポライトネスの使用をうまく説明することができる一方，オフレコードによる間接的な発話の使用を説明することができないことを示している。

Lee and Pinker (2010) は，言語使用者が FTA の軽減の目的でオンレコード・ストラテジー（ポジティブ・ポライトネスとネガティブ・ポライトネス）がよく選ばれるが，オフレコード・ストラテジーがあまり好まれないという事実を実験的に示している。

　Pinker (2007) や Lee and Pinker (2010) は，その理由を話者がオフレコード・ストラテジーを推意に対する責任の回避に使えるからであるとした。発話 A によって想定可能な推意が B, C, D とあるとする。発話者がどれだけ強く B を想起させるように発話したとしても，発話者は B という内容に完全な責任を負う必要がない。発話者が言語化したのはあくまでも A であって B ではない。しかも A から生まれる推意が C でも D でもありえるのである。したがって間接的な発話 A を，話者が推意 B に対し責任を回避し

ようと戦略的に使うことが可能だ。この方策の場合，話者が意識しているのがフェイスではなく，発話内容による言質ということになる。

　オフレコードによる発話（話者が聞き手に伝えたい内容を推意に託す発話）が必ずしもポライトに聞こえないことは，コメディの例からも確認することができる。

(25)　場面の説明：Sheldon（飛び級で高校に通っている天才児であるが，人間関係を上手に築くことができない）とおばあちゃん (Connie) との会話である。ある男性が，Sheldon を使って Connie と親密になろうとしている。Sheldon はその男性の自分に対する好意が，男性が自分を賢いと思っているからだと解釈している。Connie は，その男性の魂胆を見抜いているが，Sheldon がこれを認めようとしていない。ちゃんと電話をかけて確認したと主張している。

Sheldon:　He's not using me to spend time with you. He said so. You're wrong.

Connie:　You had no business calling him, Sheldon.

Sheldon:　You seem upset. Are you embarrassed because you were wrong?

Connie:　No.

Sheldon:　Are you sure? I would be.

Connie:　I'm not wrong. He's lying to you, Sheldon.

Sheldon:　Interesting. I don't know who to believe.

Connie:　Really? You're gonna believe some guy you barely know over your own grandmother?

Sheldon:　Well, one of them said I'm really smart, and one of them's yelling at me right now.

Connie:　We're done talking about this.

(07:05–, "An entrepreneurialist and a swat on the bottom,"

Young Sheldon, Season 3)

Connie に「自分のおばあちゃんより，ほとんど知らない男を信じるのかい？」(You're gonna believe some guy you barely know over your own grandmother?) と問われた Sheldon は，(25) の下線部分で「1 人は自分をとても賢いといい，もう 1 人は今自分に対して怒鳴り散らしている」(one of them said I'm really smart, and one of them's yelling at me right now) と返答している。この発話で Sheldon が Connie に伝えたい内容が「自分はおばあちゃんより，その男性を信じる」という推意である。この推意の内容は，Connie の人（この場合は Sheldon）に好かれたいというポジティブ・フェイスを侵害する可能性がある FTA となる。

Sheldon は，この FTA を one of them said I'm really smart, and one of them's yelling at me right now と発話し，推意に頼ることで回避している。しかし (25) の下線部は，それほどポライトと感じられない。これは，(23) の係員の Ted 達に対する発話 I already shut the doors. とは対照的である。(23) の係員の発話の場合，直接 Ted 達に行動を制限する発話をすることを避ける意図が明確であると思われる。

これに対し Sheldon の (25) の発話は，ほとんどポライトな感じがしない。その理由の一つは，Pinker (2007) や Lee and Pinker (2010) が主張するように，Sheldon が「自分はおばあちゃんより，その男性を信じる」という発話をせずに，同じ趣旨のことを伝えるという責任回避の自己中心性が感じられるからであろう。しかしこの説明では，(23) の係員の発話がなぜポライトに感じられるのかが説明できない。どちらの場合も，推意の責任を発話者が回避しているという点では同じである。

ここでは，推意による責任回避という Pinker や Lee and Pinker の説明に加え，オフレコードが丁寧にならない場合のもう一つの要因を指摘しておきたい。オフレコードによるポライトネスの核心

は，B という潜在的に FTA となる可能性のある伝達内容を A という FTA にならない発話によって回避する手立てなのであった。したがってこの方策が成立するには，A という発話自体の文字通りの意味が FTA とならない必要がある。(23) の係員の「もうドアを閉めました」(I already shut the doors.) という発話は，まさしくそうした例で，この発話の文字通りの意味が Ted 達のフェイスを脅かすことにはならないだろう。

　これに対し，Sheldon の (25) の発話内容「1 人は自分をとても賢いといい，もう 1 人は今自分に対して怒鳴り散らしている」(one of them said I'm really smart, and one of them's yelling at me right now) は，後半部分で聞き手である Connie を批判する内容になっている。「もう 1 人は今自分に対して怒鳴り散らしている」という部分のもう 1 人が Connie を指すのは明らかであるし，「どなる」(yelling at) という語彙の選択に，Sheldon の Connie に対する否定的な評価が現れている。

　聞き手の振る舞いを「どなる」と描写することは，聞き手の人に受け入れられたいというポジティブ・フェイスを脅かす FTA となるだろう。これが Sheldon の (25) の発話がポライトに響かない理由である。オフレコードとは，潜在的に FTA となる恐れのある伝達内容を推意にすることで，その FTA を回避するという RA である。しかし，推意を生む発話自体が FTA となる場合，オフレコードが RA として有効に機能しない（そして発話者もオフレコードを RA としてではなく使う）ことになるのである。オフレコード・ストラテジーを考えるうえで。Pinker (2007) や Lee and Pinker (2010) の話者の自己中心的な責任回避とは別に，発話自体のもつ FTA を考慮に入れる必要があるのだ。

3.7.　FTA の深刻さ

　3.2 節で議論したように，Brown and Levinson (1987) は，フェ

イスを侵害する可能性がある FTA を,「高度に理性的で最も効率のよいコミュニケーションからの明確な逸脱」(divergence from some highly rational maximally efficient mode of communication) である RA＋によって相殺する形でポライトネス・ストラテジーの理論を構築した。

　(21) でみたように,ポライトネス・ストラテジーは,ポジティブ・ポライトネス,ネガティブ・ポライトネスという二つのオンレコード・ストラテジーとオフレコード・ストラテジーで構成される。そしてポジティブ・ポライトネス,ネガティブ・ポライトネス,オフレコード・ストラテジーはこの順番で FTA を軽減する度合いが強くなる (より丁寧になる) と Brown and Levinson は仮定している。

　(26)　ポライトネス・ストラテジー

$$
\text{RA+} \begin{cases} \text{オンレコード・ストラテジー} \\ \qquad \text{あからさまなオンレコード} \\ \qquad \text{RA} \begin{cases} \text{ポジティブ・ポライトネス} \\ \text{ネガティブ・ポライトネス} \end{cases} \\ \text{オフレコード・ストラテジー} \end{cases} \Bigg| \text{RA+ の強さ} \downarrow
$$

(26) では,(21) で省いていた「あからさまなオンレコード」(bald on-record) を追加している (これも RA＋含めている)。あからさまなオンレコードは,何か特別な RA＋をせずに発話しても FTA とならない場合に用いる方策である (具体的な内容は下で説明する)。予測されるように,あからさまなストラテジーが一番 RA＋の度合いが弱いということになる。

　RA＋に強さの異なるストラテジーが存在し,FTA を RA＋によって相殺するのがポライトネス理論である。この二つの仮説に対応する形で,FTA の強さも段階的なものであると Brown and Levinson は仮定する。Brown and Levinson (1987) は,(27) のような形で表現される式で,FTA の深刻さが計算されるとして

いる。

(27)　　|FTA の深刻さ（the weightiness of an FTA）|

So let us say that the weightiness of an FTA is calculated thus:

$W_x = D(S,H) + P(H,S) + R_x$

S: speaker, H: hearer

Where W_x is the numerical value that measures the weightiness of the FTA x, $D(S,H)$ is the value that measures the social distance between S and H, $P(H,S)$ is a measure of the power that H has over S, and R_x is rated an imposition in that culture.

(Brown and Levinson (1987: 76))

内容説明：FTA の重みは次のような形で計算されると考えよう。

$W_x = D(S,H) + P(H,S) + R_x$

S: 話者，H: 聞き手

W_x が，ある FTA の潜在的可能性をもつ行為 x の重さを表す数値的な表示である。

$D(S,H)$ が，話者と聞き手の社会的な距離を表す。

$P(H,S)$ が聞き手が話者に対して持っている優位性を表す。

R_x が，行為 x のその文化で他者にかける心理的負担の程度を表す。

　(27) では，FTA の重みが三つの要因の合算で決まることが示されている。一つ目が $D(S,H)$ で，これは特定の話者 S と特定の聞き手 H の社会的な距離を表している。近しい人に対しては親し気に話すだろうし，見知らぬ人に対しては丁寧な話し方をするだろう。これが社会的距離の要因である。また，$P(H,S)$ は，聞き手が話者に対してどの位の（社会的）優位さを持っているかを表している。目上の人には丁寧に話すだろうし，対等の立場の人には気さく

に話すだろう。

R$_x$ は, 話者と聞き手が所属する文化の中で, FTA の可能性がある行為 x がどの程度深刻であるかの度合いを示す。親しさや上下関係は, 一定の時間的長さで恒常的であるが, 行為はその都度別々なのでそれを R$_x$ の下付き文字の変数 x で表現している。友達から消しゴムを借りるのは気やすくできるが, 板書のノートをコピーさせてもらうのは, 大分気が引けるだろう。

そしてこの三つの要因の合算がある行為 x の FTA の度合いを示すことになる。あまりよく知らない, 目上の人に対して, 大きな心理的負担をかける行為をしなければならない場合, とても丁寧な言葉遣いになるであろう。先生にレポートの提出が期限に間に合わないといった趣旨のメールを出すような場合,「お忙しい中大変申し訳ないのですが …」といった形でメッセージを始めるだろう。逆に親しくて自分よりも社会的に下の立場の聞き手に, ささいなことを頼むような場合, ほんの軽い RA ＋で済むであろう。弟の自転車を借りるなら,「ちょっと自転車借りるね」のようにほとんど RAをせずに告げるだけで済ますであろう。

(27) は, このような三つの要因によって話者が FTA を計算し, その重みを算出する計算式となる。そして算出された重みに応じて, (26) で示されたような度合いの違う RA ＋を使い分けていくことになる。(27) の式は, 誰が誰にどんな行為 x をするかに応じて, RA ＋が変化していくことを捉えようとしている。

ここでは, 同じ話者が同じ聞き手に発話する場合でも, 行為 x の内容の差によってストラテジーの選択が変わっていくことを, ドラマやコメディではなく飛行機の機内案内を例にみていく。例は特定の航空会社の案内ではなく, 英語学習・英語教育の教材や資料を無料提供する EnglishClub というインターネットサイトからの引用であるが, 飛行機を利用したことがあれば紹介する機内案内が概ね実際の機内案内に近いことがわかるだろう。

二つの案内を対比しながら紹介する。はじめの (28) は, 一般的

な離陸前の案内 (pre-flight announcement) である。

(28)　離陸前の案内
　　　Ladies and gentlemen, welcome onboard Flight 4B7
　　　with service from Hong Kong to San Francisco. We are
　　　currently third in line for take-off and are expected to be
　　　in the air in approximately seven minutes time. (a)We
　　　ask that you (b)please fasten your seatbelts at this time
　　　and secure all baggage underneath your seat or in the
　　　overhead compartments. (c)We also ask that your seats
　　　and table trays are in the upright position for take-off.
　　　(d)Please turn off all personal electronic devices, includ-
　　　ing laptops and cell phones. (e)Smoking is prohibited for
　　　the duration of the flight. Thank you for choosing
　　　Mountain Airlines. Enjoy your flight.
　　　(EnglishCLUB, Airline Announcements, 2023 年 8 月 18 日閲覧,
　　　https://www.englishclub.com/english-for-work/airline-announce
　　　ments.php)

(28) では，様々な形でネガティブ・ポライトネスのストラテジー
が用いられている。(28a) と (28c) では，シートベルトの着用や
手荷物の収納，リクライニングの位置などについて，客室乗務員が
乗客に対して協力の要請をしている。こうした場面で客室乗務員が
実際に行っているのは，協力の要請ではなく半ば命令である（たと
えば，シートベルトの着用が乗客の任意にまかせられているわけではない）。
それでも，使われている動詞は order や request ではなく，ask で
ある。これは乗客のネガティブ・フェイスに配慮したネガティブ・
ポライトネスと解釈できる。

　(28b, d) の please は，乗客のネガティブ・フェイスへの明らか
な配慮である。命令形の持つ FTA を please で緩和する RA となっ
ている。(28e) では，「飛行中は喫煙が禁止されています」(Smoking

is prohibited for the duration of the flight.) と乗客への禁煙への要請を，乗客への言及をせずに一般論として案内している。(少し例が古い。現在では全面禁煙となっているだろう。) これもネガティブ・ポライトネスのストラテジーである。

このように一般的な離陸前の案内は，離陸の準備への乗客の協力要請が主眼なので，サービスを提供する側である客室乗務員がサービスを享受する側である乗客に対し，しかるべき RA＋を行ったうえで FTA の可能性がある行為を実行しているといえる。

次に，乗客の安全を確保するための手短な案内 (safety briefing) をポライトネスの点から検討し，離陸前の案内と比較していこう。乗客の安全確保の案内は，離陸前の案内と違い乗客自身の身の安全に直接関係するので重要性が高い。この差から，二つの案内の間でポライトネスに関する違いが観察される。

(29) 乗客の安全確保を目的とした手短な案内

Ladies and gentlemen, on behalf of the crew (a)I ask that you (b)please direct your attention to the monitors above as we review the emergency procedures.

There are six emergency exits on this aircraft. (c)Take a minute to locate the exit closest to you. (d)Note that the nearest exit may be behind you. (e)Count the number of rows to this exit. Should the cabin experience sudden pressure loss, (f)stay calm and (g)listen for instructions from the cabin crew. Oxygen masks will drop down from above your seat. (h)Place the mask over your mouth and nose, like this. (i)Pull the strap to tighten it. If you are traveling with children, (j)make sure that your own mask is on first before helping your children. In the unlikely event of an emergency landing and evacuation, (k)leave your carry-on items behind. Life rafts are located below your seats and emergency lighting will lead you to your closest exit and slide.

(l)<u>We ask that</u> you make sure that all carry-on luggage is stowed away safely during the flight. While we wait for take off, (m)<u>please</u> take a moment to review the safety data card in the seat pocket in front of you.

(EnglishCLUB, Airline Announcements, 2023 年 8 月 18 日閲覧, https://www.englishclub.com/english-for-work/airline-announcements.php)

　(29) でも (28) 同様に，客室乗務員が乗客に対して期待される RA / RA ＋ が観察される。(29a) や (29l) での ask の選択は，(28a) や (28c) と同じネガティブ・ポライトネスであるし，(29b) と (29m) では，(28b, d) のように please を用いることで RA がなされている。そしてネガティブ・ポライトネスのストラテジーが用いられているこれらの表現を含む発話に挟まれる形で，行開けして示した緊急事態時の対応の説明が与えられている。

　緊急事態時の説明部分では，(29c) から (29k) まで 9 つの命令形が RA ＋ を施すことなくそのままの形で使われていて，これが (26) で追加した「あからさまなオンレコード」(bald on-record) のストラテジーである。そして (29) のこの部分は，(28) と明確な対比を示している。(28) や，(29) の緊急事態時の対応の説明の前後部分は，客室乗務員から乗客への一般的な注意喚起の要請なので，社会的に期待されたレベルでの ((27) の式によって算出された) ネガティブ・ポライトネスが用いられている。

　しかし，(29) の挟み込まれている説明部分は，緊急事態が発生した際の乗客の安全を保障する目的なので，情報内容が正確に伝わる必要があり，またその情報内容の重要性が極めて高い。このような場合（緊急事態を想定しているような場合），(27) の式の R_x が限りなく 0 に近くなる。すると客室乗務員が乗客に対して発話してい

るという D(S,H) や P(H,S) の部分を加味しても，RA＋をせずに発話しても FTA とは感じられないのである。(291) は，緊急事態時の説明から離陸時の一般的な要請への移行を知らせる発話であるが，ここからネガティブ・ポライトネスによる RA が再開されている。

この節では，話者と聞き手の社会的距離，話者と聞き手の上下関係，そして FTA の可能性がある行為の文化内での評価という三つの要因から FTA の重さが計算されるという，Brown and Levinson の主張を議論した。客室乗務員による機内案内を例に，同じ発話者が同じ聞き手に発話する場合でも，発話内容によって使われるストラテジーが異なることがあることをみた。

3.8.* ポライトネス 1

3.7 節で詳述したように，Brown and Levinson (1987) のポライトネス理論は，(27) の式によって算出された W_x の重みの FTA を，その重みの軽減にふさわしい RA＋を (26) のストラテジーから選んで使うという形で機能する。もちろん，(27) の式から計算される W_x の度合いや (26) のストラテジーの強さの程度は，厳密な数値化や厳格な定義が可能なものではない。しかし，少なくても話者が FTA の可能性をその度合いに応じた RA＋で相殺しようと意図するであろう，という部分が Brown and Levinson の論点である。

このことから，FTA を RA＋で相殺すると理論的にはその結果が 0 となる（フェイスの侵害がない）という結論が導かれる。すると，Brown and Levinson がポライトネスの現象として説明を試みている言語現象が，普通の言語使用者の感覚として特に丁寧とは感じられないということになる。特に，見合った程度の RA＋で潜在的 FTA を軽減する場合，RA＋の使用が無標（unmarked）となって表現全体がごく自然に響き，RA＋に含まれているポライトネスの部

分が聞き手にほとんど意識されないということになる（Fraser
(1990)，Terkourafi (2001)，Watts (2003)，Kallia (2004)，Locher
(2004)，Pfister (2010) など）。

　この結果は，Brown and Levinson (1987) の理論から当然予測
されることなので，彼らの理論がポライトネスの言語行動のある側
面を正確にとらえていることの証左であると評価される。しかし，
言語研究者以外の視点からみると，ポライトネス理論が説明しよう
としている現象が，社会的な通念としての「丁寧さ」とは異質のも
のとなることになる。FTA に対して適切な RA＋ を用いた場合，
それが「丁寧」とは受け取られないからである。politeness を丁寧
さとは訳さずに，そのままカタカナでポライトネスとするのが日本
の言語学界の慣習であるのは，これが理由である。言語学の po-
liteness がそのまま社会的通念としての丁寧さに相当しない。

　そして，この言語学・語用論としての politeness と，一般的な
言語使用者の感じる politeness を明確に区別することが Watts, Ide
and Ehlich (1992 / 2005: 3) で提案され，広く支持されている。

(30)　　ポライトネス 1（politeness1）

　　　We take first-order politeness to correspond to the vari-
　　　ous ways in which polite behavior is perceived and talk-
　　　ed about by members of socio-cultural groups. It en-
　　　compasses, in other words, commonsense notions of
　　　politeness. Second-order politeness, on the other hand,
　　　is a theoretical construct, a term within a theory of so-
　　　cial behavior and language usage.

　　　　　　　　　　　　　　　　(Watts, Ide and Ehlich (1992 / 2005: 3))

　　　内容説明：ある社会文化的な集団が丁寧だと感じたり，
　　　丁寧さについて話す際に想定されている様々な表現形式
　　　に対応しているのが 1 次的なポライトネスだと考える。
　　　言いかえれば，1 次的なポライトネスとは，一般常識的な

意味での丁寧さのことである。一方2次的なポライトネスは，理論的な概念で，社会的な行動様式や言語使用の理論内で使われる用語である。

(30) の1次的なポライトネス (first-order politeness) と2次的なポライトネス (second-order politeness) はそれぞれ，politeness1, politeness2 のように英語表記される。本書でもこれにならい，1次的なポライトネスをポライトネス1，2次的なポライトネスをポライトネス2と表記していくことにする。FTA が適切な RA＋で軽減された場合，そのポライトネスがポライトネス2ということになる。

では，ポライトネス1つまり普通の言語使用者が丁寧だと感じる言語行動とはどのようなものであろうか。この分野での研究はまだ十分に進んでいるとはいえない。しかし Brown and Levinson のポライトネス2が重要な手がかりとなる。フェイスの尊重という観点からマイナスと評価される FTA を，フェイスの尊重という観点からプラスの評価である RA＋で0とするのがポライトネス2である。ということは，FTA が存在しない場面や，FTA の軽減を意図しないで話者が RA＋として機能するストラテジーを用いると，RA＋がそのままプラスとなって普通の言語話者にとっても丁寧だと感じる言語行動が生まれるであろう。

まず，ポジティブ・ポライトネスの例でこれを検証してみよう。

(31) 場面の説明：大学の研究員である Sheldon (Cooper) が，助手を雇おうとしていて，Sheldon の研究や研究能力を礼賛している Jenson がその面接を受けている。Jensonは，Sheldon を褒めながら応募理由を説明する。

Jenson: Look, Dr. Cooper, I really want this position. (a)It would be an incredible honor to work for a man of your brilliance.

Sheldon: (b)Flattery will not get you this job, Ms. Jenson.

Jenson:　(c)It's not flattery if it's the truth.
Sheldon:　Oh, well, thank you. Welcome aboard.
(05:40-, "The Higgs boson observation," *The Big Bang Theory*,
Season 6)

　(31a) で Jenson は「あなたのような素晴らしい方のために働く
ことができれば大変な名誉です」(It would be an incredible honor to
work for a man of your brilliance.) と応募理由を説明する。この場面
で，事実だけに目を向けてみると，Jenson は自分を助手の候補と
して売り込むことで Sheldon の選択の自由を侵害する行動を取っ
ていることになる。これは Sheldon のネガティブ・フェイスを脅
かす可能性がある FTA である。

　(31a) の Jenson の発話は，Sheldon を褒める内容である。人を
褒めるということは，人に受け入れられたいというポジティブ・
フェイスに訴えるポジティブ・ポライトネスとなる。したがって
(31a) は FTA の相殺を意図した RA＋のようにみえる。しかし，
そのことに気がついた Sheldon が (31b) で「お世辞をいっても仕
事はもらえないよ」(Flattery will not get you this job) と Jenson をた
しなめる。

　これに対し Jenson は (31c) で，「事実をいうならお世辞になり
ません」(It's not flattery if it's the truth.) と反論する。Jenson の
(31c) のこの発話は，(31a) が Sheldon のネガティブ・フェイス
への配慮のためのポジティブ・ポライトネスであることを否定した
内容になっている。(本当のところはどうであれ) Jenson は (31a) で
事実として応募理由を告げていて，そのことと Sheldon のフェイ
スへの配慮が関係ないという宣言として (31c) を解釈することが
できる。

　すると (31a) が，FTA とは無関係に Sheldon のポジティブ・
フェイスに訴えることになる。Sheldon はこれを評価して (嬉しい
気持ちになって) Jenson を採用することを決める。(31a) と (31c)

が Jenson の策略であって，Jenson が Sheldon を半ばだましながら助手として採用されようとしているという解釈も可能である。しかし，Jenson の Sheldon への崇敬は真摯なものとして演出されているので，(31a) をポジティブ・ポライトネス 1 の例と考えることも可能だろう。

　ポジティブ・ポライトネス 1 の例をみつけることは比較的容易である。私たちは，特に FTA に関係がなくても人との良好な関係を促進し維持するために言葉を通じて人に親近感を示そうとする。Brown and Levinson がポジティブ・ポライトネスのストラテジーとして挙げている例を二つみてみよう。

(32) a. 聞き手 (について) 気づき，配慮せよ (Notice, attend to H.)

　　 b. You cut your hair! By the way...

(33) a. 誇張せよ (Exaggerate.)

　　 b. absolutely marvelous

　(32a) の「聞き手 (について) 気づき，配慮せよ」(Notice, attend to H.) に対しては，(32b) の「髪の毛切ったんだ」(You cut your hair!) が例として挙げられている。例は，続けて「ところでさ」(By the way ...) と FTA の内容を切り出すように設定されている。しかし言葉を使用する際，FTA とは関係なく，自分が気をかけている人の変化に気づいて言語化したり，配慮することはごく普通に行っている。

　また (33a)「誇張せよ」(Exaggerate) に対しては，(33b) の「絶対素晴らしい」(absolutely marvelous) が例として挙げられている。こちらも，とりわけ聞き手を褒めるような際，FTA とは無関係に常に行っている言語行動である。Brown and Levinson が (32) や (33) をポジティブ・ポライトネスのストラテジーとして挙げるのは，これらが RA/RA＋ としても有効に機能するからである。ポライトネス 2 からポライトネス 1 に観点を移すと，ごく普通の日

常的な言葉の使い方になっていく。

　これに対し，ネガティブ・ポライトネス1の例をみつけるのは
やや難しい。ネガティブ・ポライトネスのストラテジーをFTAな
しで用いると，聞き手からの心理的な距離を強調することになる。
しかしこれは多くの場合，聞き手にとって丁寧というよりも冷淡な
感じを与えてしまうだろう（次の節でみるインポライトネスになってい
く）。たとえば，仲が良い友達がいつもとは違って「です・ます」調
で話をするとする。すると，友達が丁寧になったというよりは，友
達と自分との間に自分が気がついていないわだかまりがあるのかと
考えてしまうだろう。

　それでも (34) のような例は，ネガティブ・ポライトネス1の候
補だろう。

(34)　場面の説明：Howard と Bernadette が付き合い始めてし
　　　ばらく経っている。Bernadette は，2人の関係が進展し
　　　ないことにいら立っていて，Howard は，状況を好転さ
　　　せようとしている。普段は Bernadette を Bernadette と
　　　呼んでいる Howard が，この場面では Bernadette Mary-
　　　ann Rostenkowski と，middle name までも含んだ full
　　　name で呼びかけている。

　　　Raj:　Leonard, please. The man is talking. Let him get it
　　　　　　out, and let the chips fall where they may.

　　　Howard:　Thank you. (a)Bernadette Maryann Rosten-
　　　　　　kowski …

　　　Bernadette:　(b)Oh, God. What's happening?

　　　Howard:　I know things haven't been perfect with us,
　　　　　　and we've had our problems, but I just have to tell
　　　　　　you, from the moment I …

　　　Bernadette:　Howard, let me just stop you right here.

　　　Raj:　This is it.

Bernadette:　Yes.

Howard:　Yes, what?

Bernadette:　Yes, I will marry you.

(18:55-, "The herb garden germination," *The Big Bang Theory*, Season 4)

　普段 Howard は恋人である Bernadette を first name の Bernadette で呼びかけている。しかしこの場面で Howard は，片膝をついて指輪を取り出しながら Bernedette を (middle name までつけて) full name で呼びかけている。first name に比べて full name がより正式であらたまった感じがすることはよく知られている。full name での呼びかけは日本語の「です・ます」調のような，聞き手との一定の距離 (話者の聞き手に対する敬意) を表す。full name での呼びかけが，first name の呼びかけとの相対的関係からネガティブ・ポライトネスの機能を果たすのである (1.6 節で紹介した Horn scale を形成する)。

　Howard は Bernadette に求婚しようとしているわけであるが，求婚という行為をフェイスという点から考えるとやや複雑である。求婚されるということは，少なくとも求婚する人物に好かれているわけなので，この点で求婚は聞き手のポジティブ・フェイスに好ましい影響を与えるだろう。半面，求婚は聞き手に受諾か拒絶の選択を迫ることになり，こちらは聞き手のネガティブ・フェイスに対する FTA と理解できるかもしれない。

　しかし，求婚の場面で full name を使うことの目的は，こうした求婚そのもののもたらす効果というよりは，これから話者が行おうとしていることに正式であらたまった感じを与えようとしていると理解する方がより言語使用者の直観に近いだろう。Bernadette も Howard が full name というネガティブ・ポライトネスのストラテジーを使ったことで，(34b) のように「何々，一体何が起こっているの？」(Oh, God. What's happening?) と full name から伝わるあら

たまった感じを直ちに感知し，これからの会話の展開に対して心の準備をしていることが見てとれる。Howard の full name の呼びかけは，ネガティブ・ポライトネス 1 と解釈することができるのである。

　この節では，話者が FTA の軽減のためではなく，本当の意味で（ポライトネス 1 として）丁寧に発話しようとする場合を考えた。次の節では，これとは逆の，話者が意図的に聞き手のフェイスを侵害する場合を考えていく。

3.9.* インポライトネス

　前節までに，FTA が RA＋で緩和される，Brown and Levinson (1987) が提唱するポライトネス 2 の仕組みと，FTA が存在しないか RA＋を話者が意図していない場面で RA＋として機能するストラテジーを使うポライトネス 1 の仕組みを考えた。この節では，発話者が意図的に FTA を行う，インポライトネスについて考察していく。Robin Lakoff (1973) や Leech (1983)，Brown and Levinson (1987) がもっぱら言語による丁寧さの表現であるポライトネスに関心を寄せたのに対し，言葉にはその逆の機能，つまりインポライトネスの機能も備わっているとする指摘がなされてきた (Culpeper (1996, 2011)，Watts (2003)，Kallia (2004)，Locher (2004)，Haugh (2007, 2015)，Bousfield (2008)，Terkourafi (2008, 2012)，Pfister (2010) など)。

　ポライトネス 1，ポライトネス 2，インポライトネスの関係は，単純に FTA を－1，RA＋を＋1 のように数値化すると理解しやすい。

(35) a.　ポライトネス 1[11]
　　　　 RA + (+1) = +1
　　 b.　ポライトネス 2
　　　　 FTA(−1) + RA + (+1) = 0
　　 c.　インポライトネス
　　　　 FTA(−1) = −1
　　 d.　インポライトネス +
　　　　 FTA(−2) = −2

Brown and Levinson のポライトネス 2 の場合，FTA(−1) という
マイナスが RA + (+1) というプラスで相殺されて結果として丁寧
さが 0 となる。これが (35b) である。ポライトネス 1 の場合，
FTA(−1) がなく RA + (+1) だけが存在するので，(35a) のよう
に +1 という丁寧さになる。

　この節で考えるインポライトネスは (35c) と (35d) のように表
現できる。(35c) は，FTA(−1) が存在するが，これを和らげるよ
うな RA + (+1) を話者が講じないことで，話者が意図的に聞き手
のフェイスを侵害する場合である。(35d) は，FTA が存在しない
場面で，聞き手のフェイスを侵害するという目的で言語行動をとる
場合を示している。この場合，話者は FTA によって成し遂げたい
ことが独立してあるわけではなく，フェイスの侵害自体が発話の目
的となる。したがってこの場合，FTA によって成し遂げたいこと
が独立してある (35c) よりもフェイスの侵害の度合いが強く，
FTA(−2) と表示し，丁寧さ（失礼さ）が −2 となる。このことを明
確にするために，(35d) はインポライトネス + とここでは呼んでお
く。

　(35) の一覧から，Brown and Levinson (1987) がポライトネス

---

[11] ポライトネス 1 の場合，FTA が存在しないので RA +（緩和行為）という
表現は不適切であるが，他との比較のためそのままに表記している。

2 を特別視して,「高度に理性的で最も効率のよいコミュニケーションからの明確な逸脱」(divergence from some highly rational maximally efficient mode of communication) と考えた理由がわかる。FTA(−1) を RA+(+1) で帳消しにしようとする場合にだけ,FTA と RA+ が拮抗し,一見効率の悪いコミュニケーションの形が選択されていることになる。RA+ や FTA がそれぞれ単独で存在する (35a),(35c) そして (35d) の場合は,そのような拮抗が見られず,FTA と RA+ そのものが発話の目的となっている。

　インポライトネスは,Culpeper が代表的な研究者なので,Culpeper の与えるインポライトネスの定義を確認しておこう。

(36)　 インポライトネス (impoliteness) [12]

"Impoliteness comes about when: (a) the speaker communicates face-attack intentionally, or (b) the hearer perceives and/or constructs behavior as intentionally face attacking, or (c) a combination of (a) and (b).

(Culpeper (2005: 38) からの引用であるが,Culpeper (2011: 23) にさらに詳細な定義がある。)

内容説明：インポライトネスは,次のような場合に現れる。

a.　発話者が,意図的なフェイス侵害行為を行う

b.　聞き手が,発話を意図的なフェイスの侵害行為であると認識するか,または発話を意図的なフェイス侵害行為だと (話者の真意とは別に) 解釈する

c.　あるいは a と b の組み合わせ

(36a) は,発話者側の FTA の意図に関する規定で,発話者が FTA によって聞き手のフェイスの侵害を意図すればそれがインポライト

---

[12] (36) では,番号の振り方を本書の書式に合わせているが,内容的な変更はない。

ネスになるとの趣旨である。(36b) は，聞き手側の受け取り方を問題にしている。

(36) で Culpeper は Brown and Levinson (1987) のポライトネス理論といくつかの点で別の見方をとっている。Brown and Levinson の理論は，FTA と RA＋という表現法からもわかるように，ポライトネスを話者の行う行為としてとらえている。これに対し Culpeper は，(36b) で聞き手の側の解釈を明確にポライトネスの現象の構成要素に加えている。また (36c) で，(36a) か (36b) のどちらかだけしか成立しない場合であっても，インポライトネスになるとの見方を示している。これは最後の 3.10 節で詳しく考察することにして，この節では，(36a) の話者の意図的なフェイス侵害行為としてのインポライトネスを議論していく。

(35c) のように話者が行おうとする行為が FTA(−1) となる可能性がありながら適切な RA＋(＋1) を行わないか，(35d) のようにそもそも FTA の可能性がある言語行為 FTA(−2) を意図的に行う場合にインポライトネスが生まれることになる。これが Culpeper が (36a) でとらえようとしている言語行為である。

まず，(35c) の，話者が適切な RA＋(＋1) を行わずに FTA(−1) によって聞き手のフェイスを意図的に脅かす例をみていこう。

(37) 場面の説明：Chandler は妻の Monica に隠れて喫煙をしている。Monica はそのことを偶然に知って，Chandler を咎めている。

Chandler: 'kay, look. Can we just drop this? I'm not gonna smoke again.

Monica: That's right, because (a)I forbid you to smoke again.

Chandler: (b)You forbid me?

Monica: Mhmm.

(09:20–, "The one with Phoebe's birthday dinner," *Friends*,

Season 9)

(37a) で Monica は Chandler に対し,「再び喫煙することを禁止する」(I forbid you to smoke again.) と宣言する。

　繰り返し見てきたように,命令という行為は聞き手の自由を制限するという意味で直接的な聞き手のネガティブ・フェイスを脅かす。(37a) で Monica の発話が Stop smoking(喫煙をやめなさい)だったと想定してみよう。この場合でも Chandler は少なくとも I won't(やめないさ)と言い返すことができる。しかし (37a) の I forbit you to smoke again. は,2.1節でみた発話行為理論の遂行文にあたる。遂行文は,発話したその瞬間に世界のあり様が変化するのであった。

　I name this ship the *Queen Elizabeth*.(私はこの船をクイーン・エリザベス号と名付けます)と然るべき人が然るべき場面で発話すれば,その瞬間に船の名前がクイーン・エリザベス号になる。同様にMonica が I forbit you to smoke again. と発話すれば,その瞬間に Chandler は喫煙ができなくなる。Chandler は,Monica に自分に対して禁止を宣言できるのかという資格を問題にすることはできるが,Stop smoking に対して I won't と言い返すように,言語的に禁止を受け入れないという表明をするすべがない。

　この意味で Monica の (37a) の遂行文の発話は,命令よりもさらに強く Chandler のネガティブ・フェイスを侵害することになる。しかし Monica はこの表現をあえて使うこと自体で,RA + (+ 1) を行うつもりがないことを明確にしている。Monica は,Chandler の意思が弱いことを熟知しているので,Chandler のネガティブ・フェイスを侵害して禁煙を強制することが必要だと感じているのである。(37b) で Chandler が「禁止するだって?」(You forbid me?)と驚いていることからも,Monica の (37a) が RA + (+ 1) のない FTA(−1)で,これが (35c) と (36a) の具体例になっていることがわかる。

　続いて（38）の，話者が意図的にフェイス侵害の行為を行う例を
みていく。この例の場合，話者が RA＋（＋1）を行うことなく，成
し遂げたい行為を FTA（−1）として言語化する（35c）ではなく，
成し遂げたいこと自体が聞き手のフェイスの侵害と考えられるの
で，（35d）の FTA（−2）としてのインポライトネス＋ということ
になる。

(38)　場面の説明：Lily, Barney, Ted を含め6人の友人が
　　　バーで飲んで話をしている。この場面の前に Ted が Bar-
　　　ney を失望させる言動を取っていて，Barney が Ted を不
　　　快に思っている。Barney はその気持ちを言語的に表現し
　　　ようとしている。

　　　Lily:　Ew, gross. Just stop it.

　　　Barney:　<u>Ladies, gentlemen ... Ted.</u> This has been a
　　　wonderful evening. I got great dirt on all you guys. I
　　　got Ted to tell the re-return. I finally nailed Shannon!
　　　Told her I'd call her tomorrow. Yeah, right. And I re-
　　　discovered just how awesomely awesome my life is.
　　　Peace out, hombres!

　　　　(20:30–, "Game night," *How I Met Your Mother*, Season 1)

　（38）で Barney は，その夜に昔付き合っていた女性に再会した
ことを友人に告げ，自己礼賛をしようとしている（会話の詳細は下線
部分を理解する上で重要ではない）。（ちょっとした）スピーチをはじめ
るにあたって，Barney が下線部のように，「紳士，淑女の皆様，そ
して Ted」（Ladies, gentlemen ... Ted.）と友達に呼びかけている。

　Ladies and gentlemen という呼びかけは，聴衆に対する固定化
された呼びかけなので，話者が聞き手を本当に紳士や淑女であると
評価している必要はない。しかし（38）の下線部分で Barney は，
Ladies, gentlemen ... Ted. と友達を呼びかけている。本来 gentle-
men に入れられるはずの Ted を意図的に gentlemen から外し，

Ted だけを固有名詞で呼びかけている。したがってこの呼びかけは，Grice の協調の原理の量の格率（そしておそらく関係性の格率）を違反し，「Ted が gentlemen という範疇に入らない」という推意を聞き手に伝えているだろう（1.2 節や 1.4 節の議論を参照のこと）。

　Ted の，他者に受け入れられたいというポジティブ・フェイスは，Barney が自分を紳士の範疇から外すことで傷つけられることになる。(38) の下線部分には呼びかけ以外の他の言語行為が含まれていない。ということは (38) の下線部が，FTA(−1) を RA＋(＋1) で緩和しないというタイプのインポライトネスではなく，発話自体がそもそもフェイスの侵害だけを目的とした FTA(−2) というインポライトネス＋の例ということになる。

　この節では，Culpeper の考えるインポライトネスの例のうち，(36a) の話者側の意図に基づいたインポライトネスの例をみた。次節では，(36b) の聞き手側に視点を置く（イン）ポライトネスについて考えていく。

3.10.* 聞き手の評価

　Brown and Levinson (1987) の提案するポライトネス理論は，(27) の式に基づいて計算された重みの FTA を (26) から適切なストラテジーを選択して使うことによって相殺するように機能するのであった。Brown and Levinson のポライトネス理論は，FTA の重みの計算も，RA＋の選択もともに発話者の主観と判断に任されている点で発話者視点の理論であるといえる。しかし，ポライトネスの言語現象を記述し理論化するにあたって，聞き手の評価や視点を取り入れるべきであるとする批判がある (Eelen (2001), Watts (2003), Culpeper (2005, 2011), Haugh (2007, 2015), Arundale (2010))。

　Brown and Levinson (1987) が，発話者の視点からポライトネスを議論したのは，彼らの理論が Grice の意味論・語用論を土台

としているからである。とりわけ Grice の非自然的意味が，話者が聞き手に期待する効果によって定義されており（1.1 節の（1）の非自然的意味の定義のことである），ポライトネスの効果が非自然的な意味となるためには，話者の視点が主要な役割を果たすことになる。

しかしすでに Culpeper（2005）のインポライトネスの定義（36b）でみたように，現在は聞き手の視点を取り入れる（イン）ポライトネスの考え方が追及されつつある。このことを Haugh（2015）の（イン）ポライトネスの特徴づけから考えていこう。

(39) 　聞き手の評価（hearer's evaluation）

… in order to better understand how implicatures give rise to politeness, impoliteness, mock impoliteness and so on, it has become evident that we need to properly ground our analysis of im/politeness itself in the inter-actional practices of participants themselves

(Haugh (2015: 171))

内容説明：推意がどのようにポライトネス，インポライトネス，からかいのインポライトネスなどになっていくのかをよりよく理解するには，（イン）ポライトネスの分析自体を，会話参加者達の相互的な働きかけに基盤を置いて考える必要がある。

(39) で Haugh は，（イン）ポライトネスを，「会話参加者達の相互的な働きかけ」(the interactional practices of participants) の点から分析すべきだと宣言している。「相互的な」(interactional) の部分に，発話者の視点だけではなく，聞き手の視点と両者の相互作用からポライトネスの言語現象を考察すべきであるとする指針が示されている。

(36b) や (39) のような方針は，有効で必要な方向づけであることが確かである一方，その方向性が Grice の提唱する意味論・語用論から外れ，さらには対立していく可能性があることは注意して

おく必要がある。Grice は，（聞き手の受け止め方ではなく）話者の聞き手に期待する反応から非自然的な意味が生じると考えていたので，(36b) や (39) のような見方をポライトネスの分析に取り入れる，ということは語用論の根幹を形成する仮説に手を加えることになる。したがって，この方向性を探るには，多くの語用論的概念の再検証が必要となるだろう。

　この断り書きを前提に，(36b) や (39) で Culpeper や Haugh が問題としている現象をみていこう。しかしその前に，(39) の主張に使われている「からかいのインポライトネス」(mock impoliteness) という現象を説明しておこう。

(40)　　場面の説明：Rosalinda は，ある小国のプリンセスで，反体制派のテロリストに追われている。Cater は Rosalina と同じ歳の高校生で，Cater とその家族は Rosalina をテロリストからかくまっている。2 人はすごく仲良くなっていて，Rosalina がプリンセスの修行のようなものを Cater に教えている。Cater はその一環と信じて，本を頭の上に乗せてバランスを取りながら歩く練習をしている。Cater が真剣にバランスを取りながら歩いていると，本を頭に乗せてバランスを取りながら歩くようなことはプリンセスの修行にないと告げる。Cater はかつがれたのである。

　　　Carter:　I guess I never really thought about what it really means to be a princess. Like this. I can't believe you actually have to do this.

　　　Rosalinda:　Oh, no, you don't.

　　　Carter:　Wait, then, why am I doing it?

　　　Rosalinda:　Because it is funny.

　　　Carter:　What? (a)I hate you!

　　　Rosalinda:　(b)You do?

> Carter:　No, no, no. No. No, I didn't mean it that way. I didn't mean "l hate you" I hate you. (c)I meant "l hate you," like, you're my best friend.

(1:01:40-, Princess Protection Program)

嘘の理由を問いただされて，Rosalinda が面白いから (it is funny) と説明する。

（はじめて本当に2人が打ち解けた瞬間なので）からかわれて喜んだ Cater は，(40a) で「あなたなんて大嫌い」(I hate you!) と Rosalina に発話する。もちろん親愛の情をこめての発話であるが，プリンセスである Rosalina はこれを文字通りに解釈して驚き，(40b) で「本当に？」(You do?) と問いただしている。Cater は (40c) で，(40a) の発話の真意を「『あなたは私の親友です』という意味で『あなたなんて大嫌い』といったんだ」と説明している。

私たちは，時として人に対し親愛の気持ちをこめて失礼なことを言うことがある。Cater の (40a) は，文字通りに解釈すると Rosalinda の人から受け入れられたい，自分の存在が人にとって望ましいものであってほしいというポジティブ・フェイスを直接侵害する FTA となるであろう。しかし Cater が意図するのは，それとは逆の親愛の情である。このように一見したインポライトネス（おそらくこの場合は一見した FTA(-2) ということになるだろう）を，親愛のしるしとして使うことを「からかいのインポライトネス」(mock impoliteness) という。

からかいのポライトネスは，Grice の枠組みの協調の原理の質の格率違反から推意が生まれる例として理解することができる。皮肉に関して議論した 1.3 節で，Maybe he had the crazy idea you would judge him. （多分あなたが彼を（否定的に）評価するかもしれないという，まったく見当はずれな考えを持っていたからじゃない）という Cate の発話の推意を考えた。そしてその推意が，文字通りの意味とは逆の「もちろん，あなたが彼を否定的に評価すると思ったから

に違いない」であると考えた。この場合，意味の逆転によって攻撃的な意味が伝わっているのであった。

　(40a) の場合は，これと逆に文字通りに否定的な意味を伝えながら，推意として肯定的な意味を伝える例である。このような表現には，「皮肉」や「隠喩」のような広く使われる固定的名称がなく，（イン）ポライトネスを議論する際に，「からかいのインポライトネス」(mock impoliteness) という用語があてられる。

　では続いて，（イン）ポライトネスに，聞き手の受け取り方を勘案すべきであると考えられる例をみていこう。はじめは，話者がFTA(−1) に対して試みている RA+(+1) が，聞き手によって受け入れられていないことが明確な例である。

(41)　場面の説明：6人の友人同士のうち，Ross, Monica, Chandler はしっかりとした定職があるので収入が安定している。これに対して，Phoebe, Joey, そして（会話には出てこないが）Rachel の3人は収入が安定していない。この会話に先立って，その差が表面化して，二つのグループの間の関係がぎこちなくなっている。そこで収入が安定している側のグループが，Hootie and the Blowfish というバンドのコンサートのチケットを貧しい側の3人にプレゼントすることで，ぎこちなさを正そうとしている。

Ross:　But wait, there's more. Hey, Chandler, what is in the envelope?

Chandler:　By the way, this didn't seem so dorky in the hall.

Ross:　Come on.

Chandler:　Why, (a)it's six tickets to Hootie and the Blowfish! The Blowfish!

Monica:　It's on us, all right, so don't worry. It's our treat.

Phoebe:　So ... Thank you.

Ross:　(b)Could you be less enthused?

Joey:　Look, (c)it's a nice gesture, it is. But it just feels
like—

Monica:　Like?

Joey:　(d)Charity.

Monica:　Charity?

(13:00-, "The one with five steaks and an eggplant," *Friends*,
Season 2)

Ross, Monica, Chandler の 3 人は，他の 3 人が自分たちほど
金銭的な余裕がないことを意識せずに，お金のかかる企画を次々と
提案し，貧しい側の 3 人のポジティブ・フェイスを侵害していた
（金銭的に自由がきかない，ということを認めることは，自分たちが周りの
者から受け入れられたい，という欲求に反する行為になる）。金銭的に安
定している 3 人は，いざこざのきっかけとなった Hootie and the
Blowfish というバンドのコンサートのチケットを他の 3 人に提供
することを申し出ている。これを RA＋(＋1) として意図し，受け
入れられない提案をしていたという FTA(－1) を埋め合わせよう
としている。

(41a) の Chandler の発話「(封筒の中は) Hootie and the Blow-
fish のチケット 6 枚だ」(it's six tickets to Hootie and the Blowfish) は，
推意としてチケットを貧しい側の 3 人にプレゼントすることを伝
えている。これによって Chandler たちは，3 人が受け入れられな
い提案をしてしまったという FTA(－1) を相殺しようとしている。
プレゼントをあげるという行為（発話）は，聞き手が話し手に受け
入れられている何よりの証拠である (Brown and Levinson (1987:
129) は贈り物をするという行為をポジティブ・ポライトネスの 15 番目の
ストラテジーとして挙げている)。お金にゆとりがある 3 人は，この行
為（発話）が RA＋(＋1) として働くことを意図していることは明白

である。

　しかし，貧しい側の 3 人は喜ぶというよりはさらにフェイスを傷つけられたという反応を示す。(41b) でその反応に不満な Ross が「どうかもう少し喜びを控えてくださいません？」(Could you be less enthused?) と皮肉る。これに対し Joey は，(41c) で「行為は嬉しいけれど」(it's a nice gesture) としたうえで，(41d) で「施し」(Charity) のようだと申し出を評価している。

　発話者側の 3 人が RA ＋（＋1）と意図した行為（発話）が，聞き手側に意図通りに受け入れられていないことがわかる。Brown and Levinson の枠組みでは，発話者側の視点から FTA（－1）と RA ＋（＋1）を評価するので，(41a) もポライトネス 2 の例ということになる。しかし聞き手の視点からは評価が別となる。ポライトネスの言語現象が，話者の意図だけで記述しつくせないことは明らかだ。

　(41) の場合は，それでも金銭的にゆとりがある 3 人がポライトネスを意図しているという点で，話者側の視点も含まれていた。次に検討する例では，話者が意図すらしていないインポライトネス（インポライトネス＋）を聞き手が感じ取るという構図となる。さらに視点が聞き手側に寄った分析が必要になるのである。

(42)　　場面の説明：Ted は，その日職場でしでかしてしまった失態を友人の Marshall に打ち明けている。冒頭の回想の中の発話で，恰幅の良い助手の女性に対し，意図しない形でインポライトネス＋と評価される発話をしてしまっている。

　　　Ted: So, where should we eat today? [looking at the assistant with a whole chicken in a container] (a)Oh awesome, you brought lunch for everyone? [the girl leaves, crying] [end of flashback]

　　　Marshall:　Dude, that is cold-blooded.

　　　Ted: (b)It was an honest mistake. Look, when somebody

opens up a container with an entire chicken in it, it's okay to assume they made lunch for everyone.

(14:00–, "Aldrin justice," *How I Met Your Mother*, Season 2)

友人たちと昼食をどこでとろうか話しながら外出しようとすると，（やや恰幅のよい）助手の女性が持参の昼食を広げている。女性は，丸ごと1羽の鶏肉を持ってきている。Ted は，女性がこれを職場のみんなと分け合うつもりで持ってきたと勘違いし，(42a) のように「いいね，みんなの分も昼食を持ってきてくれたんだ」(Oh awesome, you brought lunch for everyone?) と発話してしまう。[13]

女性は，昼食を自分のためだけに持ってきているので，(42a) の Ted の発話は質の格率違反から「あなたはたくさん食べるのですね」という推意を生む可能性がある。そしてこの推意が，女性の容姿を批判することとなって女性のポジティブ・フェイスを侵害することになるだろう。このように解釈した場合，Ted の (42a) の発話は，女性のフェイスを侵害する以外の目的を持たず（他に成し遂げたい行為が存在せずに）インポライトネス＋として FTA(−2) と評価されることになる。

Ted は，(42b) で，(42a) の推意を生む発話としての解釈を「悪意のない誤解だった」(It was an honest mistake.) としているので，Ted には推意を伝える意図も女性のポジティブ・フェイスを侵害する意図もなかったことが明白である。そしてもしかしたら女性もそれを認識しているかもしれない。それでも，(42a) の Ted の発話は，インポライトと受けとられて仕方がない推意を生む条件を備えている。聞き手側の視点に立てば，(42a) もインポライトネス＋の例と分析できるだろう。

Culpeper のインポライトネスの特徴づけの (36b) は，「聞き手が，発話を意図的なフェイスの侵害行為であると認識するか，また

---

[13] Culpeper (2011: 51) にもほぼ同じ例が同じ趣旨で挙げられている。

は発話を意図的なフェイス侵害行為だと（話者の真意とは別に）解釈する」(the hearer perceives and / or constructs behavior as intentionally face attacking) であった。後半の「（話者の意図とは別に）解釈する」は，constructs を意訳したものであるが，これは (42a) の Ted のような発話もインポライトネスの中に含めることが意図されている。

　Ted は全くインポライトネスを意図していないが，聞き手が発話者の言動を「意図的なフェイス侵害」(intentionally face attacking) であると construct （直訳では「構成する」となるであろう）する場合，それもインポライトネスと判断されると Culpeper は考えている。Culpeper は (36c) で，話者の意図の条件 (36a) と聞き手の受け取り方の条件 (36b) の両方が成立している場合を，わざわざ追加している。これによって，話者の条件か聞き手の条件のどちらかが成立していれば（両方が成立していなくても）インポライトネスが生まれるという考えを明確にしている。話者が意図していない言語行動もインポライトネスとしてとらえる余地が残されることになるのである。

　話者が意図していない (42a) のようなインポライトネスは，1.8.2 節でみた Saul (2002) の提唱する聞き手の推意 (audience-implicature) の例となる。1.8.2 節の最後でも説明したように，このような推意は R-intention の条件が整わず，Grice の非自然的意味から外れる現象を扱うことになる。話者が意図していない(イン)ポライトネスの言語現象の研究は，他の語用論的概念や理論的枠組みと調整を取りながら注意深く進めていく必要があるだろう。

引用文献

Amaral, Patricia, Craige Roberts and Smith E. Allyn (2007) "Review of the Logic of Conventional Implicatures by Chris Potts," *Linguistics and Philosophy* 30, 707–749.

Anderbois, Scott, Adrian Brasoveanu and Robert Henderson (2015) "At-issue Proposals and Appositive Impositions in Discourse," *Journal of Semantics* 32, 93–138.

Arundale, Robert (2010) "Constituting Face in Conversation: Face, Face Word and Interactional Achievement," *Journal of Pragmatics* 42, 2078-2105.

Austin, John (1962) *How to Do Things with Words*, 2nd ed., Harvard University Press, Harvard.

Bach, Kent (1999) "The Myth of Conventional Implicature," *Linguistics and Philosophy* 22, 367–421.

Birner, Betty J. (2013) *Introduction to Pragmatics*, Wiley-Blackwell, Malden, MA.

Blakemore, Diane (2011) "On the Descriptive Ineffability of Expressive Meaning," *Journal of Pragmatics* 43, 3537-3550.

Blakemore, Diane (2019) "Expressive Epithets and Expressive Small Clauses," *Relevance, Pragmatics and Interpretation*, ed. by Kate Scott, Billy Clark and Robin Carston, 137-149, Cambridge University Press, Cambridge.

Bousfield, Derek (2008) *Impoliteness in Interaction*, John Benjamins, Amsterdam.

Brandom, Robert (1994) *Making It Explicit: Reasoning, Representing and Discursive Commitment*, Harvard University Press, Cambridge, MA.

Breheny, Richard (2006) "Communication and Folk Psychology," *Mind and Language* 21, 74-107.

Brown, Penelope and Stephen Levinson (1978) "Universals in Language Usage: Politeness Phenomena," *Questions and Politeness: Strategies in Social Interaction*, ed. by Esther Goody, 56–310, Cambridge University Press, Cambridge.

Brown, Penelope and Steven Levinson (1987) *Politeness: Some Universals in Language Usage*, Cambridge University Press, Cambridge.

Cann, Ronnie (1993) *Formal Semantics*, Cambridge University Press, Cambridge.

Clark, Herbert H. (1992) *Arena of Language Use*, University of Chicago Press, Chicago.

Culpeper, Jonathan (1996) "Towards an Anatomy of Impoliteness," *Journal of Pragmatics* 25, 349–367.

Culpepper, Jonathan (2005) "Impoliteness and Entertainment in the Television Quiz Show: *The Weakest Link*," *Journal of Politeness Research* 1, 35–72.

Culpepper, Jonathan (2011) *Impoliteness: Using Language to Cause Offence*, Cambridge University Press, Cambridge.

Dascal, Marcelo (1977) "Conversational Relevance," *Journal of Pragmatics* 1, 309–328.

Davis, Wayne A. (1998) *Implicature: Intention, Connection and Principle in the Failure of Gricean Theory*, Cambridge University Press, Cambridge.

Eelen, Gino (2001) *A Critique of Politeness Theories*, St. Jerome Publishing, Manchester.

Faller, Martina (2019) "The Discourse Commitments of Illocutionary Reportatives," *Semantics and Pragmatics* 12, 1–46.

Farkas, Donka F. and Kim B. Bruce (2010) "On Reacting to Assertions and Polar Questions," *Journal of Semantics* 27, 81–118.

Fogal, Daniel, Daniel W. Harris and Matt Moss (2018) *New Work on Speech Acts*, Oxford University Press, Oxford.

Frege, Gottlob (1892) "Über Sinn und Bedeutung," *Zeitschrift für Philosophie und Philosophische Kritik*, 25–50.

Frege, Gottlob (1918) "Der Gedanke," *Beiträge zur Philosophie des Deutschen Idealismus* 1, 58–77.

Garmendia, Joana (2023) "Lies We Don't Say: Figurative Language, Commitment and Deniability," *Journal of Pragmatics* 218, 183–194.

Gazder, Gerald (1979) *Pragmatics: Implicature, Presupposition, and*

Logical Form, Academic Press, Orland.

Gazdar, Gerald (1981) "Speech Act Assignment," *Elements of Discourse Understanding*, ed. by Aravind Joshi, Bonnie Webber and Ivan Sag, 64–83, Cambridge University Press, Cambridge.

Geurts, Bart (2019) "Communication as Commitment Sharing," *Theoretical Linguistics* 45, 1–30.

Ginzburg, Jonathan (1996) "Dynamics and the Semantics of Dialogue," *Language, Logic and Computation*, ed. by Jerry Seligman, 221–237, CSLI Publications, Stanford.

Grice, H. Paul (1957) "Meaning," *The Philosophical Review* 66, 377–388.

Grice, H. Paul (1961) "The Causal Theory of Perception," *Proceedings of the Aristotelian Society* 35 (supplementary volume), 121–152.

Grice, H. Paul (1968) "Utterer's Meaning, Sentence-meaning and Word-meaning," *Foundations of Language* 4, 225–242.

Grice, H. Paul (1975) "Logic and Conversation," *Speech Acts, Syntax and Semantics 3*, ed. by Peter Cole and Jerry L. Morgan, 41–58, Academic Press, New York.

Grice, H. Paul (1978) "Further Notes on Logic and Conversation," *Pragmatics, Syntax and Semantics 9*, ed. by Peter Cole, 113–129, Academic Press, New York.

Grice, H. Paul (1989) *Studies in the Way of Words*, Harvard University Press, Cambridge, MA.

Groenendijk, Jeroen and Martin Stokhof (1991) "Dynamic Predicate Logic," *Linguistics and Philosophy* 14, 39–100.

Gu, Yueguo (1990) "Politeness Phenomena in Modern Chinese," *Journal of Pragmatics* 14, 237–257.

Gunlogson, Christine (2001) *True to Form: Rising and Falling Declaratives as Questions in English*, Routledge, New York.

Gutzmann, Daniel (2015) *Use-Conditional Meaning: Studies in Multidimensional Semantics*, Oxford University Press, Oxford.

Gutzmann, Daniel (2019) *The Grammar of Expressivity*, Oxford University Press, Oxford.

Hamblin, Charles, L. (1971) "Mathematical Models of Dialogue," *Theoria* 37, 130–155.

Hanks, Peter (2018) "Types of Speech Acts," *New Work on Speech Acts*, ed. by Daniel Fogel, Daniel Harris and Matt Moss, 123-143, Oxford University Press, Oxford.

Harris, Jesse A. and Christopher Potts (2009) "Perspective-shifting with Appositives and Expressives, *Linguistics and Philosophy*, 32, 523–552.

Haverkete, Henk (1990) "A Speech Act Analysis of Irony," *Journal of Pragmatics* 14, 77–109.

Haugh, Michael (2007) "The Co-constitution of Politeness Implicature in Conversation," *Journal of Pragmatics* 39, 84-110.

Haugh, Michael (2015) *Im/politeness Implicatures*, De Gruyter Mouton, Berlin.

Hawkins, John A. (1991) "On (In)definite Articles: Implicatures and (Un)grammaticality Prediction." *Journal of Linguistics* 27, 405-442.

Heim, Irene R. (1982) *The Semantics of Definite and Indefinite Noun Phrases*, Doctoral dissertation, University of Massachusetts, Amherst.

平田一郎 (2018)「指示表現のレトリック」『語用論研究』20, 62-81.

Horn, Laurence R. (1972) *On the Semantic Properties of Logical Operators in English*, Doctoral dissertation, University of California, Los Angeles.

Huang, Yang (2014) *Pragmatics*, 2nd ed., Oxford University Press, Oxford.

Iida, Hiroyuki (2020) "A Study of Interrogative Irony," Master thesis, Gakushuin University, Tokyo.

Jakobson, Roman (1960) "Concluding Statement: Linguistics and Poetics," *Style in Language*, ed. by Thomas A. Sebeok, 350-377, MIT Press, Cambridge, MA.

Kallia, Alexandra (2004) "Linguistic Politeness: The Implicature Approach," *Multilingua* 23, 145-169.

Kibble, Rodger (2006) "Speech Acts, Commitment and Multi-agent Communication," *Computational and Mathematical Organization Theory* 12, 127-145.

Kissine, Mikhail (2013) *From Utterances to Speech Acts*, Cambridge University Press, Cambridge.

Krifka, Manfred (2001) "For a Structured Meaning Account of Questions and Answers," *Audiatur Vox Sapientiae: A Festschrift for Arnim von Stechow*, ed. by Caroline Féry and Wolfgang Sternefeld, 289-319, Akademie Verlag, Berlin.

Krifka, Manfred (2015) "Bias in Commitment Space Semantics: Declarative Questions, Negated Questions and Question Tags," *Salt* 25 (LAS Open Journal Systems), 328-345.

Krifka, Manfred (2019) "Commitments and Beyond," *Theoretical Linguistics* 45, 73-91.

Lakoff, Robin (1972) "Language in Context," *Language* 48, 907-927.

Lakoff, Robin (1973) "The Logic of Politeness, or Minding Your P's and Q's," *Papers from the Ninth Regional Meeting of the Chicago Linguistic Society*, 292-305.

Lakoff, Robin (1974) "Remarks on 'this' and 'that'," *Papers from the Tenth Regional Meeting of the Chicago Linguistic Society*, 345-356.

Lee, James J. and Steven Pinker (2010) "Rationales for Indirect Speech: The Theory of the Strategic Speaker," *Psychological Review* 117, 785–807.

Leech, Geoffrey (1983) *Principles of Pragmatics*, Longman, London.

Levinson, Stephen C. (1979) "Pragmatics and Social Deixis: Reclaiming the Notion of Conventional Implicature," *Proceedings of the Fifth Annual Meeting of the Berkley Linguistics Society*, 206-223.

Levinson, Stephen C. (1983) *Pragmatics*, Cambridge University Press, Cambridge.

Levinson, Stephen C. (2000) *Presumptive Meanings: The Theory of Generalized Conversational Implicature*, MIT Press, Cambridge, MA.

Lewis, David (1969) *Convention*, Harvard University Press, Cambridge, MA.

Lewis, David (1979) "Scorekeeping in a Language Game," *Journal of Philosophical Logic*, 8, 339–359.

Locher, Miriam (2004) *Power and Politeness in Action: Disagreements in Oral Communication*, De Gruyter Mouton, Berlin.

López, Luis (2023) "Assertion and Truth Default," *Journal of Pragmatics* 203, 17-31.

Lyu, Siqi and Wen Yuan (2023) "Perception of Implicit Promise in Face-threatening Contexts," *Journal of Pragmatics* 208, 53-71.

MacFarlane, John (2011) "What Is Assertion?" *Assertion, A New Philosophical Essays,* ed. by Jessica Brown and Herman Cappelen, 79-96, Oxford University Press, Oxford.

Matsumoto, Yoshiko (1988) "Reexamination of the Universality of Face," *Journal of Pragmatics* 12, 403-426.

Matsumoto, Yoshiko (1989) "Politeness and Conversational Universals: Observations from Japanese," *Multilingua* 8, 207-221.

McCready, Eric (2010) "Varieties of Conventional Implicature," *Semantics and Pragmatics* 3, 1-57.

McCready, Eric (2014) "A Semantics for Honorifics with Reference to Thai," *Proceedings of Pacific Asia Conference on Language, Information and Computing* 28, 503-512.

三木那由他 (2019)『話し手の意味の真理性と公共性』勁草書房, 東京.

三木那由他 (2022)「推意・意味・意図：グライスにおける推意」『語用論研究』24, 1-18.

Murray, Sarah E. (2010) *Evidentiality and the Structure of Speech Acts*, Doctoral dissertation, Rutgers University, New Brunswick, New Jersey.

Murray, Sarah E. (2014) "Varieties of Update," *Semantics and Pragmatics* 7, 1-53.

Pfister, Jonas (2010) "Is There a Need for a Maxim of Politeness?" *Journal of Pragmatics* 42, 1266-1282.

Pinker, Steven (2007) "The Evolutionary Social Psychology of Off-record Indirect Speech Acts," *Intercultural Pragmatics* 4, 437-461.

Plunze, Christian (2010) "Speaker-meaning and the Logic of Communicative Acts," *Meaning and Analysis: New Essays on Grice*, ed. by Klaus Petrus, 235-251, Palgrave Macmillan, Basingstoke.

Portner, Paul (2004) "The Semantics of Imperatives within a Theory of Clause Types," *Proceedings of Semantics and Linguistic Theory* 14, 235-252, Cornel University Linguistics Department, CLC Publications, Cornel.

Portner, Paul (2007a) "Instructions for Interpretation as Separate Performatives," *On Information Structure, Meaning and Form*, ed. by Kerstin Schwabe and Susanne Winkler, 407-426, John Benjamins, Amsterdam.

Portner, Paul (2007b) "Imperatives and Modals," *Natural Language Semantics* 15, 351-383.

Portner, Paul (2009) *Modality*, Oxford University Press, Oxford.

Portner, Paul (2018a) "Commitment to Priorities," *New Work on Speech Acts*, ed. by Daniel Fogal, Daniel W. Harris and Matt Moss, 296-316, Oxford University Press, Oxford.

Portner, Paul (2018b) *Mood*, Oxford University Press, Oxford.

Portner, Paul, Miok Pak and Raffaella Zanuttini (2019) "The Addressee at the Syntax-semantics Interface: Evidence from Politeness and Speech Style," *Language* 95, 1-36.

Potts, Christopher (2005) *The Logic of Conventional Implicatures*, Oxford University Press, Oxford.

Potts, Christopher (2007) "The Expressive Dimension," *Theoretical Linguistics* 33, 165-198.

Potts, Christopher and Shigeto Kawahara (2004) "Japanese Honorifics as Emotive Definite Descriptions," *Proceedings of Semantics and Linguistic Theory* 14, 235-254.

Recanati, François (2004) *Literal Meaning*, Cambridge University Press, Cambridge.

Rett, Jessica (2020) "Manner Implicatures and How to Spot Them," *International Review of Pragmatics* 12, 44-79.

Rett, Jessica (2021) "The Semantics of Emotive Markers and Other Illocutionary Content," *Journal of Semantics* 38, 305-340.

Roberts, Craige (1996) "Information Structure in Discourse: Towards an Integrated Formal Theory of Pragmatics," *OSU Working Papers in Linguistics* 49, 91-136, Department of Linguistics, Ohio State University, Columbus.

Roberts, Craige (2012) "Information Structure in Discourse: Towards an Integrated Formal Theory of Pragmatics," *Semantics and Pragmatics* 5, 1-69.

Russell, Bertrand (1905) "On Denoting," *Mind* 14, 479-493.

Saul, Jennifer M. (2002) "Speaker Meaning, What Is Said and What Is Implicated," *Noûs* 36, 228-248

Sawada, Osamu (2018) *Pragmatic Aspects of Scalar Modifiers*, Oxford University Press, Oxford.

Schiffer, Stephen (1972) *Meaning*, Clarendon Press, Oxford.

Scott, Kate (2022) *Pragmatics in English*, Cambridge University Press, Cambridge.

Searle, John R. (1969) *Speech Acts*, Cambridge University Press, Cambridge.

Searle, John R. (1975a) "A Taxonomy of Illocutionary Acts," *Language, Mind and Knowledge* (*Minnesota Studies in the Philosophy of Science 7*), ed by Keith Gunderson, 344–369, University of Minnesota Press, Minneapolis.

Searle, John R. (1975b) "Indirect Speech Acts," *Speech Acts, Syntax and Semantics 3*, ed. by Peter Cole, 59–82, Academic Press, New York.

Sperber, Dan and Deirdre Wilson (1986 / 1995) *Relevance: Communication and Cognition*, Blackwell, Oxford.

Stalnaker, Robert C. (1974) "Pragmatic Presupposition," *Semantics and Philosophy*, ed. by Milton Karl Munitz and Peter K. Unger, 197–213, New York University Press, New York.

Stalnaker, Robert C. (1978) "Assertion," *Pragmatics, Syntax and Semantics 9*, ed. by Peter Cole, 315–332, Academic Press, New York.

Stalnaker, Robert C. (1999) *Context and Content*, Oxford University Press, Oxford.

Stalnaker, Robert C. (2014) *Context*, Oxford University Press, Oxford.

Strawson, Peter F. (1950) "On Referring," *Mind* 59, 320–344.

Strawson, Peter F. (1952) *Introduction to Logical Theory*, Methuen, London.

Strawson, Peter F. (1964) "Intention and Convention in Speech Acts," *The Philosophical Review* 73, 439–460.

Swan, Michael (2005) *Practical English Usage*, 3rd ed., Oxford University Press, Oxford.

Terkourafi, Maria (2001) *Politeness in Cypriot Greek: A Frame-based Approach*, Doctoral dissertation, University of Cambridge, Cambridge, the United Kingdom.

Terkourafi, Maria (2005a) "Pragmatic Correlates of Frequency of Use: The Case for a Notion of Minimal Context," *Reviewing Linguistic Thought: Converging Trends for the 21st Century*, ed. by Sophia Marmaridou, Kiki Nikiforidou and Eleni Antonopoulou, 209–233, De

Gruyter Mouton, Berlin.

Terkourafi, Maria (2005b) "Beyond the Micro-level in Politeness Research," *Journal of Politeness Research* 1, 237–262.

Terkourafi, Maria (2008) "Toward a Unified Theory of Politeness, Impoliteness and Rudeness," *Impoliteness in Language: Studies on Its Interplay with Theory and Practice*, ed. by Derek Bousfield and Miriam A. Locher, 45–74, De Gruyter Mouton, Berlin.

Terkourafi, Maria (2009) "On De-limiting Context," *Context and Constructions*, ed. by Alexander Bergs and Gabriele Diewald, 17–42, John Benjamins, Amsterdam.

Terkourafi, Maria (2011) "Why Direct Speech Is Not a Natural Default: Rejoinder to Steven Pinker's 'Indirect Speech, Politeness, Deniability and Relationship Negotiation'," *Journal of Pragmatics* 43, 2869–2871.

Terkourafi, Maria (2012) "Politeness and Pragmatics," *The Cambridge Handbook of Pragmatics*, ed. by Keith Allan and Kasia M. Jaszczolt, 617–637, Cambridge University Press, Cambridge.

Terkourafi, Maria (2024) "Reconfiguring the Strategic / Non-strategic Binary Im/politeness Research," *Journal of Politeness Research* 20, 111–134.

Watts, Richard (2003) *Politeness*, Cambridge University Press, Cambridge.

Watts, Richard J., Sachiko Ide and Konrad Ehlich (1992 / 2006) *Politeness in Language: Studies in Its History, Theory and Practice*, Mouton de Gruyter, Berlin.

Weissman, Benjamin (2024) "Can an Emoji Be a Lie? The Links between Emoji Meaning, Commitment and Lying," *Journal of Pragmatics* 219, 12–29.

Yamada, Akitaka (2019) *The Syntax, Semantics and Pragmatics of Japanese Addressee-honorific Markers*, Doctoral dissertation, Georgetown University, Washington, D.C.

Yoon, Erica J., Michael Henry Tessler, Noah D. Goodman and Michael C. Frank (2020) "Polite Speech Emerges from Competing Social Goals," *Open Mind: Discoveries in Cognitive Science* 4, 71–89.

テレビ番組

"Baker sale," *8 Simple Rules*, Season 1. 2003, Shady Acres Entertainment.

"By the book," *8 Simple Rules*, Season 1. 2002, Shady Acres Entertainment.

"Two boys for every girl," *8 Simple Rules*, Season 1. 2002, Shady Acres Entertainment.

"Oops," *Frasier*, Season 1. 1993, Paramount Network Television.

"The one where Nana dies twice," *Friends*, Season 1. 1994, Warner Bros. Television Studios.

"The one where underdog gets away," *Friends*, Season 1. 1994, Warner Bros. Television Studios.

"The one with George Stephanopoulos," *Friends*, Season 1. 1994, Warner Bros. Television Studios.

"The one with the thumb," *Friends*, Season 1. 1994, Warner Bros. Television Studios.

"The one with five steaks and an eggplant," *Friends*, Season 2. 1995, Warner Bros. Television Studios.

"The one with Ross's new girlfriend," *Friends*, Season 2. 1995, Warner Bros. Television Studios.

"The one where Chandler can't remember which sister," *Friends*, Season 3. 1997, Warner Bros. Television Studios.

"The one with Joey's dirty day," *Friends*, Season 4. 1998, Warner Bros. Television Studios.

"The one where everyone finds out," *Friends*, Season 5. 1999, Warner Bros. Television Studios.

"The one where Phoebe hates PBS," *Friends*, Season 5. 1998, Warner Bros. Television Studios.

"The one after Vegas," *Friends*, Season 6. 1999, Warner Bros. Television Studios.

"The one with all the cheesecakes," *Friends*, Season 7. 2001. Warner Bros. Television Studios.

"The one with Phoebe's birthday dinner," *Friends*, Season 9. 2002, Warner Bros. Television Studios.

"The one with Ross's grant," *Friends*, Season 10. 2003, Warner Bros. Television Studios.

"Our very first night," *Full House*, Season 1. 1987, Warner Bros. Television Studios.

"Bicycle thief," *Full House*, Season 7. 1993, Warner Bros. Television Studios.

"It should've been Lorelai," *Gilmore Girls*, Season 2. 2002, Warner Bros. Television Studios.

"The Bracebridge dinner," *Gilmore Girls*, Season 2. 2001, Warner Bros. Television Studios.

"The ins and outs of inns," *Gilmore Girls*, Season 2. 2001, Warner Bros. Television Studios.

"Charlie goes viral," *Good Luck Charlie*, Season 1. 2010, It's a Laugh Productions.

"The Inconveniencing," *Gravity Falls*, Season 1. 2012, Disney Television Animation.

"Cheat it," *Hannah Montana*, Season 3. 2009, It's a Laugh Productions.

"Sweet home Hannah Montana," *Hannah Montana*, Season 4. 2010, It's a Laugh Productions.

"Game night," *How I Met Your Mother*, Season 1. 2006, 20th Century Fox Television.

"Aldrin justice," *How I Met Your Mother*, Season 2. 2006, 20th Century Fox Television.

"Lucky penny," *How I Met Your Mother*, Season 2. 2007, 20th Century Fox Television.

"Moving day," *How I Met Your Mother*, Season 2. 2007, 20th Century Fox Television.

"Little boys," *How I Met Your Mother*, Season 3. 2007, 20th Century Fox Television.

"Jenkins," *How I Met Your Mother*, Season 5. 2010, 20th Century Fox Television.

"The end of the beginning," *Laguna Beach: The Real Orange County*, Season 2. 2005, MTV.

"Samuel gets fired," *Mike and Molly,* Season 1. 2011, Warner Bros. Television Studios.

"Benched," *Modern Family*, Season 1. 2010, 20th Century Fox Television

"Pilot," *Modern Family*, Season 1. 2009.

"Rod and Tammy," *Parks and Recreation*," Season 2. 2009, Universal Television.

"Dear Mom and Dad," *Roseanne*, Season 1. 1989, The Carsey-Werner Company.

"The big bran hypothesis," *The Big Bang Theory*, Season 1. 2007, Warner Bros. Television Studios.

"The cushion saturation," *The Bing Bang Theory*, Season 2. 2009, Warner Bros. Television Studios.

"The killer robot instability," *The Bing Bang Theory*, Season 2. 2009, Warner Bros. Television Studios.

"The work song nanocluster," *The Big Bang Theory*, Season 2. 2009, Warner Bros. Television Studios.

"The staircase implementation," *The Big Bang Theory*, Season 3. 2010, Warner Bros. Television Studios.

"The herb garden germination," *The Big Bang Theory*, Season 4. 2011, Warner Bros. Television Studios.

"The Speckerman recurrence," *The Big Bang Theory*, Season 5. 2011, Warner Bros. Television Studios.

"The transporter malfunction," *The Big Bang Theory*, Season 5. 2012, Warner Bros. Television Studios.

"The Bakersfield expedition," *The Big Bang Theory*, Season 6. 2013, Warner Bros. Television Studios.

"The bon voyage reaction" *The Big Bang Theory*, Season 6. 2013, Warner Bros. Television Studios.

"The Higgs boson observation," *The Big Bang Theory*, Season 6. 2012, Warner Bros. Television Studios.

"The proposal proposal," *The Big Bang Theory*, Season 11. 2017, Warner Bros. Television Studios.

"Twenty-five little pre-pubers without a snoot-ful" *Two and a Half Men*, Season 1. 2003, Warner Bros. Television Studios.

"A bag full of jawea," *Two and a Half Men*, Season 2. 2004, Warner Bros. Television Studios.

"The spit-covered cobbler," *Two and a Half Men*, Season 3. 2006, Warner Bros. Television Studios.

"Three fingers of crème de menthe," *Two and a Half Men*, Season 11.

2014, Warner Bros. Television Studios.

"Credit where credit's due," *Veronica Mars*, Season 1. 2004, Stu Segall Productions.

"Silence of the lamb," *Veronica Mars*, Season 1. 2005, Stu Segall Productions.

"The girl next door," *Veronica Mars*, Season 1. 2004, Stu Segall Productions.

"An entrepreneurialist and a swat on the bottom," *Young Sheldon*, Season 3. 2019, Warner Bros. Television Studios.

映画

Hannah Montana: The Movie. 2009, Walt Disney Pictures.
Princess Protection Program. 2009, Rainforest Productions.

インターネット

Donald Trump 氏の interview（2023 / 01 / 09 閲覧）https://www.youtube.com/watch?v=klPeYrlInZQ

飛行機の機内案内（EnglishCLUB, Airline Announcements, 2023 年 8 月 18 日閲覧）https://www.englishclub.com/english-for-work/airline-announcements.php

索　引

1. 日本語の事項はあいうえお順に，英語の事項および人名はアルファベット順に並べている。
2. 本文中で日本語に続き英語の表記を記載した事項は，索引でも同じように表記している。
3. 数字は章，節，ページ数を表す。重要箇所と思われるところは太字で示している。

事　項

［あ行］

RA　3章, **148**
RA+　3章, **173**
IQ テスト　48, 50, 51, 102
あからさまなオンレコード　**173**, 180, 185
アクセント　7, 8
1 次的なポライトネス（first-order politeness）　188
一般化された会話の推意（generalized conversational implicature）**1.6**, 45, 62, 106, 171
意味論的前提（semantic presupposition）**2.6**, 113, 117, 118, 119, 131
慇懃無礼　170
インポライトネス　191, **3.9**, 200, 201, 202, 205, 206, 207
インポライトネス＋　**194**, 198, 199, 205, 206

［か行］

F（p）　82, 89, 104, 105, 106
FTA（Face Threatening Act）　**3章**, **148**
FTA の深刻さ（the weightiness of an FTA）**3.7**
オフレコード・ストラテジー（off-record strategy）**3.6**, 180
オンレコード（on record）　173, 175, 180, 185

外置構文　38
格率違反　**1章**, 136, 146, 170, 202, 206
過去形　166, 170
仮定法　146, 170
からかいのインポライトネス（mock impoliteness）200, 201, 202
関係性の格率（the maxim of relation）**1.4**, 62, 166, 198
慣習的推意（conventional

implicature) **1.7**, 96, **2.5.2**, 106, 110, 111, 113, 130, 131, 133, 134

感情表出的次元（expressive dimension） 130

感情表出的表現（expressives） 49, 50, 51, **2.5**, 126, 130

間接発語行為（indirect speech act） **88**, 90, 136, 137, 173

聞き手の推意（audience-implicature） **1.8.2**, 58, 207

聞き手の評価（hearer's evaluation） **3.10**

協調の原理（the cooperative principle） 2, **1.2-1.5**, 39

共通基盤（common ground） 58, 65, 117, **2.8**, 124, **125**, 126, 127, 129, 130, 131, 132, 133, 135, 136, 137, 155

敬語 96, 130, 161, 168, 170

形式意味論 111, 124, 125

形態素 83, 169

結果述語（resultative predicate） 23

現在形 44, 166, 170

構造的談話コンテクスト（structured discourse context） 126

コード化 46, 49, 96, 107, 108, 110, 171

言葉で行う行為（how to do things with words） **2.1**

語用論的前提（pragmatic presupposition） 106, 108, **2.7**, 118, 120, 124, 127, 131

[さ行]

再帰的意図（reflexive intention） 1.1.2, **7**, 46, 51, 52, 53, 55, 56, 57, 71, 74, 140, 143, 144, 145, 146, 147, 171, 198, 202

指示（reference） 32, 33, 34, 37, 44, 70, **2.2**, 82, 83, 112, 113, 119, 152

質の格率（the maxim of quality） **1.3**, 24, 61, 62, 145, 170, 171, 206

社会規範 11

重名詞句移動構文 38

受動文 38

承認欲求 147

叙述動詞 108

助動詞 44, 83, 164

進化 11

真偽 8, 35, 36, 46, 50, 82, 107, 108, 111, 164, 165

真理条件 37, 38, 50

推意（implicature） **14**, 他多数

遂行文（performatives） 74, 75, 76, 77, 86, 92, 130, 197

遂行リスト（to-do list） 126, 127, 129

誠実性の条件 97, 98

宣言（declarations） **85**, 86, 126, 129, 130, 131, 197

前提の受け入れ（presupposition accommodation） 111, 112, **2.10**, 151

前提の引き金（presupposition trigger） 108, 109

相殺 148, 154, 161, 172, 180, 186,

189, 194, 199, 204

[た行]

wh 疑問文　109, 137
談話コンテクスト　124, 126, 127,
　129, 130, 131, 155
談話コンテクストの更新　**2.9**
陳述（predication）　77, 82, 83, 84,
　85, 89, 90, 91, 92, 93, 94, 99, 100,
　103, 107, 108, 125, 127, 129, 135
陳述文（constatives）　48, 76, 77,
　83, 85, 92
定冠詞　42, 119, 122
定名詞句　106, 107, 108, 112, 113
動的意味論　74, 77, 125, 145
動的語用論　74, 77, 125, 145
取り消し　63, 64

[な行]

2 次的なポライトネス（second-
　order politeness）　188
2 人称単数代名詞　155
ネガティブ・フェイス（negative
　face）　147, 148, **3.3**, 160, **3.5**,
　172, 175, 183, 189, 192, 197
ネガティブ・ポライトネス（nega-
　tive politeness）　153, 154, 158,
　3.4, **3.5**, 172, 173, 180, 183, 185,
　186, 191, 192, 193
能動文　38

[は行]

発語遂行行為（perlocutionary act）
　77, 82, **90**, 91, 92, 93, 94
発語遂行効果（perlocutionary
　effect）　**2.4**
発語の力（illocutionary force）
　49, **2.3**, 91, 105
発話行為理論　71, **2 章**, 140, 171,
　197
発話の責務（commitment）　**1.10**
反復表現　109, 110
非自然的意味（nonnatural
　meaning）　**1.1**, 15, 20, 29, 63, 64,
　65, 71, 74, 199
非制限的関係詞節　49, 50, 51
皮肉　4, 5, 9, 23, 24, 44, 145, 146,
　170, 171, 202, 203, 205
描写（representatives）　85, 86, 87,
　89, 99, 100, 103, 126, 127, 129,
　131
表出（expressives）　**85**, 86, 91, 96,
　97, 126
付加疑問　9
不完全な推意（near implicature）
　1.8
不定冠詞　42, 119
プラーグ学派　36
ポジティブ・フェイス（positive
　face）　**3.2**, 154, 155, 158, 159,
　3.4, 172, 178, 179, 189, 192, 199,
　202, 204, 206
ポジティブ・ポライトネス（posi-
　tive politeness）　**3.2**, **3.3**, 160,
　162, 165, 172, 173, 176, 180, 188,

224

189, 190, 204

ポライトネス（politeness） 8, 48, 61, 90, 125, 132, 138, 3章, **3.1**, **187**

ポライトネス1（politeness1） **3.8**, 193, 194

ポライトネス2（politeness2） 188, 193, 194, 205

ポライトネス理論 3, 48, 90, 125, **3章**

［ま行］

無限後退（infinite regress） 65, 66, 67

無標（unmarked） 34, 35, 36, 37, 186

命題態度（propositional attitude） **1.9**, 65, 68, 70, 71

命令（directives） **85**, **90**, 126, 他多数

メタファー 21, 23, 124, 166

メトニミー 23

［や行］

約束（commissives） **85**, 86, 91, 126, 127, 129

有標（marked） 32, 35, 36, 37

様態の格率（the maxim of manner） **1.5**

呼びかけ（語） 128, 130, 157, 191, 192, 198, 199

［ら行］

ライプニッツの法則 38

了解（uptake） **95**

量の格率（the maxim of quantity） **1.2**, 35, 42, 62, 136, 137, 145, 146, 198

［わ行］

話者の推意（utterer-implicature） 52, **1.8.2**, 58

話題転換 29, 30

［英語］

accommodation 111, 112, 131, 132, 133, 151

audience-implicature **55**

bald on-record 173, 180, 185

by the way 25

commitment **68**

common ground 58, 65, **118**, 125

completely unrelated, but 25

constatives 76, 86, 92

conventional implicature **45**, 110, 143

declarations 85, 86, 126

directives 85, 126

Donald Trump 41, 42

EnglishClub 182, 183, 185

expressive dimension 130

expressives 85, 86, 91, 96, **97**, **100**, 101, 126

face threatening act **148**

first name 192
first-order politeness 188
full name 191, 192, 193
generalized conversational
　implicature **39**
Harvard University 11
hearer's evaluation **200**
how to do things with words **74**
illocutionary force 49, **82**, 86, 125
implicature **14**
indirect speech act **88**
infinite regress 65
marked 32
near implicature 51
negative face **154**, 160, 165
negative politeness **160**, 176
nonnatural meaning **2**
off-record strategy **176**
on-record 173, 180, 185
performatives 74, 86, 92
perlocutionary act 77, **90**
politeness 90, 3章, **140**
politeness1 141, **187**
politeness2 188
positive face **147**, 149, 151, 153
positive politeness **149**
pragmatic presupposition 106,
　108, **114**
presupposition accommodation
　112, 131, **132**, 133
presupposition trigger 108
propositional attitude **63**
redressive action **148**, 160, 165,
　173
reference **78**

representatives 85, 126
resultative predicate 23
R-intention **7**, 8, 10, 20, 21, 22,
　26, 27, 28, 29, 30, 34, 58, 65, 66,
　67, 207
second-order politeness 188
semantic presupposition 106, **107**,
　108
structured discourse context 126
the cooperative principle **11**, 52,
　55
the maxim of manner **30**
the maxim of quality **17**
the maxim of quantity **12**
the maxim of relation **24**
the weightiness of an FTA **181**
to-do list 126
unmarked 34, 186
update 77, 124, **125**
uptake 95
used to 44
utterer-implicature **52**
Wiliam James Lectures 11

人　名

Anderbois, Brasoveanu and
　Henderson 131
Arundale 199
Austin 74, 75, 76, 77, 82, 86, 90,
　92, 94, 95, 124, 130
Bach 45, 48, 49, 50, 51, 66, 95,
　102, 121
Bach and Harnish 7, 94, 95, 121,

124

Birner 38

Blakemore 96

Bousfield 193

Brandom 67

Breheny 65

Brown and Levinson 3章

Cann 38

Clark 131

Culpeper 193, 195, 196, 199, 200, 201, 206, 207

Dascal 24

Davis 69

Eelen 199

Faller 131

Farkas and Bruce 124

Fogal, Harris and Moss 74

Frege 85

Garmendia 67

Gazdar 74, 124

Geurts 65, 67, 68, 69, 129

Ginzburg 124, 131

Grice 1章, 74, 106, 110, 111, 116, 119, 130, 131, 133, 140, 143, 144, 145, 146, 171, 198, 199, 200, 202, 207

Groenendijk and Stokhof 74, 124

Gu 146

Gunlogson 124

Gutzmann 96

Hamblin 67

Hanks 106

Haverkete 171

Haugh 171, 193, 199, 200, 201

Heim 74, 125

平田 82

Horn 42, 43

Huang 38, 62

Iida 171

Jakobson 36, 96

Kallia 187, 193

Kibble 67

Kissine 18

Krifka 67, 106

Lakoff, Robin 81, 143, 144, 146, 147, 161, 169, 193

Lee and Pinker 176, 178, 179

Leech 143, 146, 147, 193

Levinson 2, 43, 45, 46, 96

Lewis 121, 124, 132

Locher 187, 193

López 69

Lyu and Yuan 152

MacFarlane 67

Matsumoto 146

McCready 96, 130, 155

三木 66, 67

Murray 124, 131

Pfister 187, 193

Pinker 176, 178, 179

Plunze 95

Portner 74, 86, 106, 124, 126, 127, 130, 145, 155

Potts 45, 49, 50, 74, 96, 97, 100, 101, 104, 105, 111, 130, 155

Potts and Kawahara 96, 105, 130, 155

Recanati 49, 95

Rett 37, 124

Roberts 127, 131

Russell　106, 107, 108
Saul　51, 52, 53, 55, 56, 207
Sawada　45, 96
Schiffer　66, 121
Scott　77
Searle　38, 74, 77, 78, 79, 81, 82,
　85, 86, 89, 90, 91, 96, 97, 98, 100,
　103, 104, 105, 106, 121, 124, 126,
　127
Sperber and Wilson　24, 66

Stalnaker　108, 114, 119
Strawson　66, 95, 106, 107, 108,
　110, 111, 124, 125
Swan　81
Terkourafi　152, 171, 187, 193
Watts　187, 193, 199
Watts, Ide and Ehlich　187
Weissman　67
Yamada　96, 106, 130, 145, 155

平田　一郎　（ひらた　いちろう）

　1964 年東京生まれ。1986 年埼玉大学教育学部（国語教育）卒業，1991 年東京都立大学人文学部（独文）卒業，1993 年東京都立大学大学院修士課程（英文）修了。2011 年筑波大学博士（言語学）。山形県立米沢女子短期大学，奈良教育大学，専修大学を経て，現在学習院大学文学部英語英米文化学科教授。2009 年University of California, San Diego 校客員研究員。

　主な著書：『語彙範疇 (II) 名詞・形容詞・前置詞』（共著，研究社，2001 年），『音と形態』（共著，朝倉書店，2020 年），『ことばの謎に挑む──高見健一教授に捧げる論文集──』（共編，開拓社，2023 年）など。

　主な論文：「補部に見られる島の効果について」（『英文学研究』74，1997 年），"Predicate Coordination and Clause Structure in Japanese" (*The Linguistic Review* 23, 2006 年), "Coordination, Subject Raising and AgrP in Japanese" (*Linguistic Inquiry* 37, 2006 年)，「指示表現のレトリック」（『語用論研究』20，2018 年），"Implicatures of Vocatives and Their Theoretical Implications" (*English Linguistics* 37, 2021 年)，"On Unsuccessful Utterances in Pragmatics" (*Journal of Pragmatics* 216, 2023 年）など。

コメディで学ぶ語用論の基本概念　　　　　<開拓社　言語・文化選書 103>

2024 年 7 月 29 日　　第 1 版第 1 刷発行

著作者　　平 田 一 郎
発行者　　武 村 哲 司
印刷所　　日之出印刷株式会社

発行所　　株式会社　開 拓 社

〒112-0003 東京都文京区春日 2-13-1
電話　（03）6801-5651（代表）
振替　00160-8-39587
https://www.kaitakusha.co.jp